新时代高校课程思政建设与创新发展研究

杨朝晖◎著

中国纺织出版社有限公司

图书在版编目(CIP)数据

新时代高校课程思政建设与创新发展研究 / 杨朝晖
著. -- 北京：中国纺织出版社有限公司, 2023.9
ISBN 978-7-5229-1109-0

Ⅰ.①新… Ⅱ.①杨… Ⅲ.①高等学校—思想政治教
育—教学研究—中国 Ⅳ.①G641

中国国家版本馆 CIP 数据核字（2023）第 193726 号

责任编辑：王 慧 责任校对：高 涵 责任印制：储志伟

中国纺织出版社有限公司出版发行
地址：北京市朝阳区百子湾东里 A407 号楼 邮政编码：100124
销售电话：010—67004422 传真：010—87155801
http://www.c-textilep.com
中国纺织出版社天猫旗舰店
官方微博 http://weibo.com/2119887771
北京虎彩文化传播有限公司印刷 各地新华书店经销
2023 年 9 月第 1 版第 1 次印刷
开本：787×1092 1/16 印张：11
字数：232 千字 定价：98.00 元

前　言
PREFACE

　　随着社会的进步和发展，高校课程思政建设在培养学生综合素质和提升社会发展水平中发挥着重要作用。课程思政建设是指通过课程教学的方式，引导学生形成正确的世界观、人生观和价值观，培养学生的爱国主义情怀、社会责任感和创新精神，以适应现代社会的需要。本研究旨在探讨新时代高校课程思政建设与创新发展问题，为高校课程思政建设提供理论依据和实践指导。

　　第一章是导论，介绍了研究背景及研究意义。高校课程思政建设是当前高校教育改革的重要方向之一，具有促进学生全面发展和建设社会主义现代化国家的重要意义。同时，国内在高校课程思政建设方面已经有了一定的研究成果，但仍存在许多问题，需要进一步研究和解决。

　　第二章探讨了高校课程思政建设的理论基础。首先，介绍了高校课程思政建设的内涵和意义，明确了培养目标和教育任务。其次，深入探讨高校课程思政建设的理论基础，包括马克思主义理论、中国特色社会主义理论和教育理论等方面的研究。

　　第三章分析了高校课程思政建设的发展现状。首先，介绍了高校课程思政建设的现状，包括各个高校的实践经验和成果。其次，深入探讨高校课程思政建设存在的问题，包括教师队伍建设、教材建设和创新模式等方面存在的挑战和难题。最后，总结了高校课程思政建设的成果与启示，为今后的发展提供了借鉴和参考。

　　第四章讨论了高校课程思政建设的课程设计与实施。首先，探讨了高校课程思政建设的课程设计，包括课程目标的确定、教学内容的选择和教学方法的运用等方面的问题。其次，介绍了高校课程思政建设的课程实施，包括教学环境的营造、教学资源的整合和教师的角色定位等方面。

　　第五章探讨了高校课程思政建设的教师队伍建设。首先，介绍了高校课程思政建设的教师队伍建设现状，包括教师队伍结构、素质和能力等方面的情况。其次，提出了高校课程思政建设的教师队伍建设策略，包括教师培训与发展、激励机制的建立和团队合作的推进等方面。最后，总结了高校课程思政建设的教师队伍建设成果与反思，为今后的发展提供了经验和启示。

第六章讨论了高校课程思政建设的教材建设。首先，介绍了高校课程思政建设的教材建设现状，包括教材内容的选择、编写和更新等方面的情况。其次，提出了高校课程思政建设的教材建设策略，包括加强教材的研究与开发，注重思政要素的融入和运用多样化教材形式等方面。

第七章探究了高校课程思政建设的创新模式。首先，介绍了高校课程思政建设的创新模式现状，包括一些高校在思政课程教学中探索的新模式和做法。其次，提出了高校课程思政建设的创新模式策略，包括注重实践与实践教学相结合、开展跨学科合作与综合实践活动等方面。

第八章讨论了高校课程思政建设的信息化应用。首先，介绍了高校课程思政建设的信息化应用现状，包括教育技术的应用、网络教学平台的建设和在线学习资源的开发等方面的情况。其次，提出了高校课程思政建设的信息化应用策略，包括加强教育技术支持、提升学生信息素养和推动在线学习平台的发展等方面。

本研究旨在为新时代高校课程思政建设与创新发展提供理论指导和实践借鉴。希望本研究的成果能够为高校教育决策者、教师和研究者提供有益的参考，推动高校课程思政建设的不断完善和创新。同时，本研究还将对培养学生的思想道德素质、创新能力和社会责任感等方面产生积极影响。

在撰写本研究的过程中，我深入研究了高校课程思政建设的理论基础、发展现状、存在问题以及课程设计、教师队伍建设、教材建设、创新模式和信息化应用等方面的相关内容。通过系统的文献综述和理论分析，我对这一领域的研究现状有了全面的了解，并在此基础上提出了一些创新性的思考和建议。

值得注意的是，本研究并非详尽调研所有高校的情况，而是从整体层面分析和探讨了高校课程思政建设。因此，在实际应用中，需要结合各高校的具体情况开展具体的实施和调整，以适应不同高校的需求和特点。

最后，我要感谢所有对本研究提供支持和帮助的人们，包括学校的领导、教师和同学们，以及研究领域的专家学者和前辈们。没有你们的支持和鼓励，本研究无法取得现在的成果。

希望本研究能够为高校课程思政建设的改进和创新提供有益的思路和方法，促进高校教育的发展，培养出更多有社会责任感和创新精神的优秀人才，为国家的现代化建设作出贡献。同时，也希望本研究能够激发更多学者和教育工作者的研究热情，共同推动高校课程思政建设的不断进步和创新发展。

杨朝晖

2023 年 6 月

目　录
CONTENTS

第一章 导论

第一节 研究背景及研究意义

一、研究背景

随着社会的快速发展和变革，高校教育在培养人才、传承优秀文化、促进社会进步方面扮演着重要的角色。作为高校教育的重要组成部分，高校课程思政建设在塑造学生的思想观念、价值观和道德观念方面具有重要的作用。课程思政建设是指通过课程教学的方式，引导学生形成正确的世界观、人生观和价值观，培养学生的爱国主义情怀、社会责任感和创新精神，以适应现代社会的需要。

然而，随着社会的多元化和知识的快速更新，高校课程思政建设也面临着许多新的挑战和问题。一方面，知识的碎片化和碎片化学习方式的普及使得学生对传统思想文化的认同和理解减弱；另一方面，知识的纵向分割和学科的细化导致了学生对综合素质的培养不足，缺乏对社会责任和价值观的深刻思考。因此，高校课程思政建设需要适应时代的需求，开展理论创新和实践探索，更好地满足学生的发展需求和社会的发展需要。

二、研究意义

高校课程思政建设作为高校教育改革的重要方向之一，具有重要的理论和实践意义。

首先，高校课程思政建设是培养德智体美劳全面发展的社会主义建设者和接班人的关键途径。通过课程思政建设，可以引导学生树立正确的世界观、人生观和价值观，培养学生的爱国主义情怀、社会责任感和创新精神，使其具备为社会主义现代化国家建设作出贡献的能力。

其次，高校课程思政建设有助于推动教育内容的全面发展。在课程思政建设中，将思想政治教育与学科教育相结合，可以促进学科知识和人文素养的有机融合，培养学生综合素质和终身学习的能力，使学生具备更全面的知识结构和更广阔的视野。

再次，高校课程思政建设有助于推动教学模式的创新。传统的教学模式以灌输式为主，缺乏互动性和个性化的教学方式，难以激发学生的学习兴趣和主动性。而通过课程思政建设，可以探索多样化的教学方法和评价方式，培养学生的创新思维、问题解决能力和团队合作精神，使学生成为具有自主学习和持续学习能力的现代人才。

最后，高校课程思政建设对社会发展具有重要影响。高校作为培养人才的重要阵地，通过课程思政建设可以将正确的价值观和社会责任感传递给学生，培养他们成为有担当、有社会良知的公民。这有助于构建和谐、稳定、繁荣的社会环境，推动社会的进步和发展。

通过深入研究高校课程思政建设的理论基础、发展现状、存在问题以及相关的课程设计、教师队伍建设、教材建设、创新模式和信息化应用等方面的内容，可以为高校课程思政建设的改进和创新提供理论指导和实践借鉴。同时，也为高校教育决策者、教师和研究者提供有益的参考，促进高校课程思政建设不断完善和创新，培养出更多有社会责任感和创新精神的优秀人才，为国家现代化建设作出贡献。因此，开展对新时代高校课程思政建设与创新发展的研究具有重要的理论和实践意义。

第二节　国内研究现状

一、国内研究总体概况

当前，课程思政作为我国高校开展思想政治教育的一种新探索，成功引起了思想政治理论工作者的高度关注，他们对此也开展了理论研究和教学实践，并取得了丰硕的成果。

根据在知网以"课程思政"为"篇名"精确搜索的数据显示，从 2016 年 1 月 1 日至 2019 年 12 月 31 日的四年时间内，共发表 2225 篇与课程思政相关的文献（见表 1-1）。

表 1-1　发表量的主题分布情况

/	课程思政	课程思政 + 效果	课程思政 + 实效性
数量统计	2225	13	6
期刊论文	2146	13	6
硕士论文	11	0	0
博士论文	0	0	0

表 1-1 是根据发表量的主题分布情况得出的数据统计结果。其中，以"课程思政 + 效果"为"篇名"的相关文献只有 13 篇，以"课程思政 + 实效性"为"篇名"的相关文献更为稀少，仅有 6 篇。这表明，尽管课程思政得到了广泛的关注，但对其效果和实效性的研究还相对较少。

从发文时间与数量的关系看，关于课程思政的发文量呈现逐年递增的趋势，且增长速度非常快。这说明近年来，国内研究者对课程思政的兴趣与重视程度不断提升，相关研究的数量也随之增加。

然而，在发表种类上，期刊论文数量占据较大的比例，而硕、博士论文的数量相对较少。这可能意味着目前大部分研究者更倾向于将研究成果发表在期刊上，而硕、博士研究生在课程思政领域的深入研究仍相对较少。这也提示着在硕、博士研究生阶段，课程思政的研究仍然存在一定的空白，值得进一步加强和深化。

二、国内研究的主要视角

国内当前对课程思政的研究主要集中在其内涵、必要性、重要性、与思政课程的关系、建设现存问题以及具体举措等方面，对高校课程思政育人实效性的相关研究（内涵、评价标准、育人取得的效果及育人实效存在的问题等）非常少。

（一）关于课程思政的内涵研究

在当前的研究中，学者们广泛探讨课程思政的内涵，并从不同的视角解读。主要从"本质论""理念论""方法论"和"结构论"四个维度来理解课程思政的含义。

首先，从本质论的角度看，一些学者认为课程思政是一种教育实践活动，其核心目标是实现立德树人，在高校教育中起着培养学生思想道德素质和价值观的重要作用。王学位和杨晓慧等学者都持这一观点，他们认为课程思政是立德树人的具体实践，是通过课程教学培养学生的思想道德品质。

其次，从理念论的角度看，一些学者将课程思政归入教育理念的范畴。他们认为课程思政是一种教育理念，强调在课程设置和教学实践中注重培养学生的思想政治素养。邱伟光和杨涵等学者都属于这一派，他们将课程思政视为一种在教育过程中贯穿思想政治教育的理念。

再次，从方法论的角度看，一些学者强调课程思政要求教育方法的转变。他们认为课程思政需要在知识传播和价值传播中取得平衡，注重知识的传授与价值观的引领。高德毅等学者提出的观点认为，课程思政应注重在教学过程中既凝聚知识底蕴，又强调价值观的引导。

最后，从结构论的角度看，一些学者认为课程思政需要构建立体化的育人体系。他们认为课程思政应该强调整体教育的结构和体系性，注重将思政教育融入各个学科和教育环节中。李如璘等学者在此方面有一定的研究，他们关注构建课程思政的整体结构，以达到更全面的育人效果。

（二）关于高校课程思政教学的必要性及重要性研究

在高校开展课程思政教学的必要性和重要性问题上，学界普遍达成一致，一致认为高校实施课程思政具有重要意义和必要性。从已有的研究成果看，学者们主要从国家、高校、学生和学科等多个层面论述，阐述课程思政教学的价值和作用。

首先，从国家层面看，学者们认为高校课程思政教学的实施对实现新时代中国特色社会主义现代化强国梦具有重要意义。王飞等学者指出，课程思政教学改革是实现国家发展需要的一项重要举措，它有助于培养德智体美劳全面发展的社会主义建设者和接班人。同时，高校课程思政教学也是建设习近平新时代中国特色世界一流大学、实现高等教育高质量发展的需要。这种教学方式可以提升高校教育质量，推动学校整体水平的提高。

其次，从高校层面看，课程思政教学对高校的发展具有重要意义。奚迪等学者强调，课程思政能构建起完善的思政课程体系，回应学生的困惑和迷茫，帮助他们树立正确的世界观、人生观和价值观。此外，课程思政教学也有助于打破各专业和学科之间的分化和疏离，促进跨学科交叉融合，提升学生的综合素养和创新能力。

再次，从学生层面看，高校课程思政教学对学生的成长和发展具有重要影响。课程思政教学可以增强学生的社会责任感和公民意识，培养学生的创新精神和实践能力。通过课程思政教学，学生可以全面发展，提升自身素质，为个人的未来发展和社会的进步做贡献。

最后，从学科层面看，高校课程思政教学对学科建设和学科发展也具有必要性和重要性。课程思政教学可以促进学科间的交叉融合与合作，打破学科之间的壁垒，培养学生的综合素养和跨学科思维能力。同时，课程思政教学还可以引导学生将学科知识与思想政治理论相结合，提升学科教育的思想性、深度性和创新性，使学科教育更加符合社会发展的需要。

总的来说，高校课程思政教学的必要性和重要性得到了学界的广泛认可和支持。这种教学模式有助于实现国家发展目标，推动高校整体水平提升，促进学生全面发展，推动学科交叉融合与发展。然而，课程思政教学的实施还面临一些挑战和困难，如教学内容的设计、教师队伍建设、评价体系构建落后等问题，需要进一步深入研究和实践探索，以确保课程思政教学能够发挥出最大的效益和作用。

（三）关于思政课程与课程思政的关系研究

思政课程与课程思政的关系，学界普遍认为它们具有双重性，既有统一性又有差异性。这种认知体现了对二者的深入思考和探索。

首先，关于统一性的认识，学者们普遍认为思政课程与课程思政具有共同的育人使命和价值导向。无论是思政课程还是课程思政，都是高校教育中的重要组成部分，都致力于培养学生的思想政治素养、道德品质和社会责任感。邱仁福、石书臣等学者指出，二者在育人使命上具有一致性，都是为了实现学生的全面发展和立德树人的目标。同时，二者也应该同向同行，即在思想政治教育的正确方向上紧密协作，形成合力。只有思政课程和课程思政相互配合、相互促进，才能达到更好的教育效果。

其次，关于差异性的认识，学者们强调思政课程与课程思政在角色、方式和职能上存在一定的差异。赵继伟等学者从方法论意蕴维度分析认为，思政课程是一门综合性课程，它以思想政治理论为核心，旨在提供学生思想政治理论知识的传授和思维方式的培养。而课程思政则是将思政要素融入各学科的具体课程中，通过课程内容和教学方法的设计，培养学生的思政素养和综合能力。徐科技等学者则从概念论角度出发，认为课程思政体现的是一种思维方式，强调在课程设计中注重思政元素的融入，而思政课程则是一系列具体的思政教学课程，包括思想道德修养、马克思主义基本原理等。

综上所述，思政课程与课程思政之间既存在统一性又存在差异性。学者们的研究认为，二者共同追求学生的思想政治教育目标，但在角色、方式和职能上有所差异。这种认识为高校思想政治教育的实施提供了理论依据和指导，也为进一步深化思政课程和课程思政的整合提供了思路和方法。

（四）关于高校课程思政育人实效的影响要素研究

高校课程思政的育人实效受到多个因素的影响，这是国内研究中的一个重要议题。学者们从不同角度对影响高校课程思政育人实效的要素展开研究，以期为高校课程思政的实施和改进提供有益的参考。

首先，教师是高校课程思政育人实效的重要影响因素之一。邱伟光等学者指出，教师的素质、专业能力和教育理念直接关系到课程思政的教学效果。教师应具备较高的思政素养和学科知识水平，能够巧妙地将思政理论融入学科教学中，激发学生的学习兴趣和思考能力。此外，教师的教学方法和教学风格也对育人实效产生重要影响。教师应采用启发式教学方法，注重学生的参与和互动，培养学生的思辨能力和创新精神。

其次，教材的选择和设计是影响高校课程思政育人实效的关键因素之一。教材应具备科学性、权威性和实践性，能够充分传达思政内容和思政精神。赵继伟等学者指出，一些课程思政教材存在理论脱节、实践性不足的问题，限制了课程思政的实效。因此，教材的编写和选择应结合学科特点和时代需求，注重与学科知识的有机融合，使思政内容能够更好地贯穿于课程中，激发学生的思考和思维能力。

再次，资源的挖掘和利用也是影响高校课程思政育人实效的重要因素之一。资源包括学校的学科资源、社会资源和网络资源等。邱伟光等学者认为，高校应充分挖掘和利用各类资源，为课程思政提供丰富的学习和实践机会。学校可以建立专门的思政教育平台，组织学生参与社会实践和志愿服务活动，拓宽学生的思政视野和社会经验，增强育人实效。

最后，管理理念、改革措施、教学方法以及体制机制也对高校课程思政育人实效产生重要影响。高燕等学者认为，管理理念的转变是提高课程思政育人实效的关键。学校管理者应树立正确的思政教育观念，注重思政工作的长远规划和组织管理，为教师提供良好的工作环境和支持。同时，需要推进教学改革，采取创新的教学方法和手段，打破传统的教学模式，激发学生的学习兴趣和参与度。此外，体制机制的优化也是关键。高校应建立完善的激励机制，鼓励教师积极参与课程思政建设，提供教学资源和支持。同时，需要建立评价体系，科学评估课程思政的实施效果，为进一步改进和提升提供依据。

综上所述，国内研究主要从教师、教材、资源挖掘、管理理念、改革措施、教学方法以及体制机制等角度探讨了影响高校课程思政育人实效的要素。这些研究为高校课程思政的实施和改进提供了重要的参考和指导，促进了高校思政教育的深入发展。然而，仍需要进一步深入研究和实践，不断总结经验，完善相关理论框架，进一步提高高校课程思政育人实效，以适应时代和社会的需求。

（五）关于高校课程思政育人实效的相关研究

尽管课程思政在高校教育中的实践已经取得了一定进展，但对其育人实效的相关研究相对较少。研究者们逐渐意识到课程思政育人实效性的重要性，并开始探索相关概念、评价标准以及具体实施效果的研究。

在课程思政育人实效性的概念探讨方面，武文菲对其进行了初步表述。他认为课程思政的实效性包括个人层面和社会层面两个方面。个人层面的实效性指的是通过课程思政教育，学生在道德、价值观念、思维方式等方面得到有效培养和提升。社会层面的实效性则指的是通过课程思政教育，学生具备了为社会做贡献的能力和素养。

然而，在课程思政育人实效性的评价标准方面，目前尚未形成较为完整的标准体系。这可能是由于课程思政的实施形式多样，实效性受到多种因素的影响，难以简单地用统一的评价标准衡量。因此，未来的研究需要进一步深入探讨，构建科学、全面的评价标准体系，以便更好地评估课程思政的育人实效。

针对高校课程思政具体实施效果的研究，学者们主要从特定课程的角度出发，采用问卷调查、访谈等方法对学生开展调查研究。例如，李黎等学者通过半开放式的团体访谈，从学生的角度审视课程思政的实施效果。他们关注学生在道德修养、思维能力、社会责任感等方面的变化，并通过访谈获取学生的实际体验和感受。

另外，张营营等研究者以体育课为切入点，采用问卷调查法检验课程思政的实施效果。他们关注学生在体育课中获得的思政教育内容，以及其对学生身心发展和思想境界的影响。

尽管这些研究提供了一定的启示，但目前的研究还较为有限，研究方法和样本选择也存在一定局限性。

（六）关于提升高校课程思政育人实效性的路径探讨

在探讨提升高校课程思政育人实效性的路径方面，学者们提出了多个方面的建议和策略，以期改进课程思政的实施效果。这些探讨主要涉及高校、教师、课程设计、意识培养、步骤设计、机制保障、教育实施体系、教育模式和评价体系等多个层面。

首先，关注高校层面的建设。高校需要加强对课程思政建设的重视和支持。学校领导应明确思想政治工作目标体系，将课程思政作为高校育人的重要内容纳入规划和战略中。此外，可以加强特色专业群建设，突出课程思政在特色专业中的作用，培养具有思政特色的专业人才。同时，打造特色校园文化，营造良好的育人环境和氛围。

其次，注重教师素质和角色的发挥。教师是课程思政实施的关键力量，需要提高教师的思政素养和专业水平，加强师资队伍的培养和发展。教师应具备良好的思政意识和教育理念，能够将思政内容与课程有效融合，引导学生树立正确的世界观、人生观和价值观。同时，教师还应具备创新教学方法的能力，采用多样化的教学手段和策略，提高课程思政的教学效果。

再次，关注课程设计和步骤设计。课程思政的设计应注重培养学生的综合素质和思想品德，将思政教育与学科知识有机融合，形成全面育人的课程体系。同时，课程思政的实施需要有清晰的步骤和计划，合理安排教学内容和教学进度，确保思政教育目标的有效实现。

最后，需要建立健全的机制保障。高校应加强对课程思政工作的组织领导和管理，明确相关的责任部门和责任人。建立有效的考核机制，激励教师积极参与课程思政建设，并对其实施评价和奖励。同时，加强课程思政的研究和教学经验的分享，促进不同高校之间的经验交流和借鉴。

通过高校的重视和支持、教师的专业素养和角色发挥、课程设计和步骤设计的合理性、机制保障的健全、教育实施体系和教育模式的改进以及科学有效的评价体系的建立，可以推动课程思政在高校的育人实效上取得更好的成果。同时，还需要加强研究和实践的结合，不断总结经验，探索适合高校特点和需求的创新路径。

三、国内研究的不足之处

毋庸置疑，一方面，课程思政虽然是近几年出现的，但其理论研究取得了颇为可观的成果；另一方面，课程思政毕竟出现的时间不长，仍处于初步探索阶段，其研究存在不足是极为正常的，关键在于要认清不足，解决不足。

（一）研究缺乏实证性

在当前的国内研究中，存在一个明显的不足之处，即研究缺乏实证性。尤其是在高校课程思政的教学领域，大部分学者倾向于在理论层面探讨，而忽视了实证研究的重要性。这种情况限制了对课程思政实践效果的全面了解和评估，也限制了对实践问题解决方案的深入探索。

首先，实证研究能够提供更客观、可量化的数据支持。通过实地调查、问卷调查、访谈和观察等研究方法，可以收集到更真实、准确的信息。实证研究可以帮助研究者了解学生和教师的实际需求、实际参与度以及实际效果，进而更好地评估课程思政的实际效果和存在的问题。

其次，实证研究有助于发现问题和提出改进方案。通过细致观察和分析实际情况，可以发现课程思政教学中存在的具体问题和挑战。这样的研究可以为高校提供实践层面的参考，指导改进课程思政的教学设计、教学方法和评估方式，从而提升教学实效。

最后，实证研究还有助于不同高校之间的经验交流和借鉴。通过比较研究多个高校的实际情况，可以找出成功的实践案例和有效的经验，为其他高校提供借鉴和参考。这种实证研究的开展可以促进高校之间的合作与共享，提升整体教学水平。

因此，为了弥补国内研究的不足，需要更多学者开展实证研究，深入探讨高校课程思政教学的实践效果。可以通过多种研究方法，如实地调研、问卷调查、访谈和观察等，收集大量实际数据，并开展分析和比较。这样的实证研究能够提供更准确、可靠的信息，为高校提供具体的改进方案和实践指导，使课程思政的育人实效达到更好的水平。同时，也需要学术界和高校管理部门共同重视，提供支持。

（二）研究缺乏系统性

目前国内关于高校课程思政的研究存在一个明显的不足之处，即研究缺乏系统性。虽然学者们阐述了课程思政的概念、必要性和重要性，分析了存在的问题并提出了改进策略，在提升教学效果方面的研究方案已取得一定突破。然而，学者们对高校课程思政教学效果评价的维度以及教学成效方面的研究相对较少，这是一个值得关注和重视的问题。换句话说，学者们在课程思政研究中存在断层，缺乏有机的、闭环的研究体系。

首先，缺乏系统性的研究影响了对高校课程思政教学效果的全面评估。虽然学者们提出了一些策略和方法提升课程思政的教学效果，但缺乏对这些策略的系统性评估和比较。没有建立起全面、科学的评价体系，无法客观、准确地评估课程思政教学对学生思想政治教育的实际影响。因此，需要开展更加系统的研究，构建一套科学可行的评价指标体系，以评估高校课程思政的实际效果。

其次，缺乏系统性的研究限制了对教学成效的深入探索。学者们在提升课程思政教学效果方面提出了一些具体策略和方法，但缺乏对这些策略的长期跟踪和分析，以验证其有效性和可持续性。没有形成一个有机的、闭环的研究体系，就无法全面了解不同策略在不同情境下的适用性和效果。因此，需要开展长期、系统性的研究，比较和评估不同策略，探索其长期的教学成效和可持续发展的路径。

最后，缺乏系统性的研究也影响了学术交流和经验共享的深入推进。国内研究尚缺乏一个集合学者研究成果、促进交流与合作的平台。学者们往往孤立地开展研究，缺乏机会分享经验，共同探讨问题，共同推进研究进展。缺乏系统性的研究体系也限制了学者之间的合作与互补，使研究成果无法得到充分的利用和推广。

第二章　高校课程思政建设的理论基础

第一节　高校课程思政建设的内涵和意义

一、课程及课程分类

有关课程概念的界定众多，中西方学者从不同视角、不同层次、不同出发点深入解析了课程的含义。据不完全统计，目前有关课程的专著就有数百本，有关"课程"的定义至少有119种。经过分析整理，学界比较认可的大致可归纳为以下三类。

（一）学科科目论

学科科目论是一种将"课程"定义为学科科目的观点，可以从狭义和广义两个角度理解。狭义上，"课程"指特定的学科，如数学课、历史课等，它关注的是特定学科领域的教学内容和知识传授。广义上，"课程"可以指整个教学科目，包括各种教学活动和教学资源，它强调师生共同开展的教学过程。

学科科目论的核心是重视学科的教学内容和知识摄入过程。这一观点认为，学科的教学应该以特定学科领域的知识为核心，通过系统性的教学活动和教育资源的组织，帮助学生理解和掌握学科知识，培养相关的学科技能和思维方式。

在学科科目论中，教育活动被分门别类为不同的学科科目，每个学科科目有其独特的教学目标、教学内容和教学方法。教师在特定学科领域中担任着重要的角色，通过讲授学科知识、引导学生的学习和实施相关的教学评估促进学生的学科学习和发展。

学科科目论的影响深远，它为学校和教育机构提供了一种组织和管理学科教学的框架。通过将教学活动划分为不同的学科科目，学校可以合理安排教学资源，制订教学计划，为学生提供更加系统和有针对性的学科教育。此外，学科科目论也促进了学科教师的专业发展，他们可以更加深入地研究和教授特定学科领域的知识，提高教学质量和效果。

然而，学科科目论也存在一些争议。有人认为过分强调学科科目可能导致学生在学科知识上的狭隘化，忽视了跨学科能力和综合素养的培养。因此，在实施学科科目论时，需要平衡学科知识的教学和培养学生的综合能力，促进学科教育与综合素质教育的有机结合。

总的来说，学科科目论是一种将"课程"定义为学科科目的观点，它关注学科教学内容和知识传授，以及学科教学的组织和管理。学科科目论强调学科教育的专业性和系统性，通过科学的教学设计和教学方法，帮助学生掌握学科知识和技能，培养他们在特定学科领域的思维方式和能力。

（二）教学进程论

教学进程论强调课程是为实现教育目标而设计的教学科目，它涵盖了教学目的、内容、范围、分量和进程等方面的要素。在教学进程论的视角下，课程被看作是一个动态的过程，强调其运行和管理。

教学进程论关注教学活动的动态性和变化过程。它将课程视为一种教育实践的组织形式，强调课程的实施是一个连续的、有序的过程。在这个过程中，教师需要制订教学目标，选择合适的教学内容和教学方法，组织和安排教学活动，评估学生的学习成果，并及时调整和改进教学策略。教学进程论强调了教学的灵活性和个性化，注重教学过程中的反馈和调整。

教学进程论中的课程分类主要基于教学内容和教学目的。常见的课程分类包括核心课程、专业课程、通识课程等。核心课程是某个学科领域的基础课程，专业课程是针对特定专业或学科深入研究的课程，通识课程是提供跨学科知识和综合素养培养的课程。这些课程分类反映了不同层次和领域的教学需求，帮助学生全面发展和培养跨学科的思维能力。

在教学进程论中，教师起着重要作用。教师不仅需要具备丰富的学科知识和教学技能，还需要具备良好的教学设计和组织能力。教师应该根据学生的需求和特点，制订合理的教学目标和教学计划，灵活运用各种教学方法和手段，引导学生主动参与学习，并及时给予反馈和指导。教师还应该在教学过程中关注学生的学习情况，帮助他们解决问题，激发学生的学习兴趣和潜能。

然而，教学进程论也面临一些挑战和问题。教学进程的管理和评估需要投入大量的时间和精力，教师需要具备高效的教学管理能力。另外，教学进程论注重学生的主体性和参与性，这对教师的教学能力和教学环境提出了更高的要求。教师需要根据学生的不同特点和需求，设计激发学生兴趣和主动性的教学活动，鼓励学生思考、合作和创新。同时，教师还需要提供支持和指导，帮助学生克服学习困难，培养学生的学习能力和自主学习的习惯。

此外，教学进程论也需要充分考虑社会变革和教育发展的需求。随着社会的快速发展和知识的更新换代，教学进程需要不断更新和调整，以适应时代的需求和挑战。教师应与时俱进，不断提升自己的教学素养和专业能力，将最新的知识和教学方法应用到课程设计和教学实践中。

总之，教学进程论的概念将课程视为一个动态的教学过程，强调教学的连续性、个性化和参与性。它强调教师的角色和能力，要求教师具备优秀的教学设计和组织能力，关注学生的学习情况和需求。教学进程论的实施需要教师、学生和教育管理部门的共同努力，以提供优质的教育教学环境，培养学生的创新能力，促进全面发展。

（三）经验体验论

经验体验论将学生的经验和体验置于课程设计的核心位置。它强调学生的主体性和参与性，认为学生只有通过积极参与各种实践和体验活动，才能真正理解和应用所学知识，培养综合能力和解决问题的能力。

在经验体验论的视角下，课程不再仅仅是教师传授知识的工具，而是一个提供丰富经验和体验的平台。教师需要结合学生的兴趣、需求和实际情况，设计具有情境性和体验性的学习任务和活动，使学生在实践中体验和感受知识的真实意义。这种体验可以是实地考察、社会实践、团队合作、角色扮演等形式，通过亲身参与和实际操作，使学生更加深入地理解课程内容，并将所学知识与实际生活相结合。

此外，经验体验论也注重学生的情感体验和情感教育。课程设计应考虑学生的情感需求，创造积极、愉悦的学习氛围，激发学生的学习兴趣和动力。教师可以通过情感引导、情景创设和情感反馈等方式，培养学生的情感态度和价值观，提高他们的社会责任感和道德意识。

总之，经验体验论的概念将学生的经验和体验置于课程设计的核心，强调学生的主体性、参与性和情感体验。它要求教师设计具有情境性和体验性的学习任务和活动，使学生能够通过亲身参与和实践体验知识的真实意义。经验体验论的实施需要教师关注学生的情感需求，创造积极的学习氛围，培养学生的情感态度和价值观。同时，教育管理部门也需要提供支持和资源，以营造良好的教育环境，培养学生的实践能力，促进全面发展。

二、课程思政的内涵

"课程思政"是高校教育领域中的一个新概念，它将课程与思想政治教育相结合，强调在高校课程中融入思政元素。虽然学术界对"课程思政"的概念尚未统一，但普遍认为它是一种育人理念，通过将德育内容与专业知识相融合，培养学生的思想道德素质。

"课程思政"不是某一门具体的课程，也不是某一项具体的活动，而是一种综合性的育人理念。它强调在课程教学中注重学生的思想政治教育，使学生在学习科学文化知识的同时，提升思想道德水平。通过创设适宜的教学环境和情境，激发学生的学习兴趣和思考能力，引导他们主动思考和积极参与社会实践，培养他们的创新精神、社会责任感和思想品质。

"课程思政"与学科德育有一定相似之处。学科德育强调各学科教师在教学过程中挖掘学科本身蕴含的德育内容，使学生在学习知识的同时接受道德的洗礼。而"课程思政"则更侧重于大学课程中的德育元素，关注大学教育中的思想政治教育。两者都强调将德育与学科教学相结合，通过学科教学的方式培养学生的思想品质和道德素养。

目前，高校普遍推行"课程思政"理念，并开展相关活动和课程。然而，其在实施过程中仍面临一些问题，如德育元素挖掘不充分、教学技巧待提升、教师对"课程思政"认同感不强等。因此，要办好"课程思政"，需要立足学科优势，注重创新教学方法，充分挖掘育人资源，提高教师对"课程思政"的认同度，并与思想政治理论课协同育人。

三、课程思政的特征

（一）系统性

课程思政将高校各类课程视为一个整体开展系统性规划，通过整合不同学科的教学资源和育人效果，实现课程资源的共享和相互促进。

1. 整体规划

课程思政将高校各类课程视为一个整体，通过综合规划和设计，将思政教育的内容、要求和方法融入各个学科的教学中。学校在课程思政建设中明确育人目标和任务，确保每门课程都有助于学生思想品德的培养。

2. 教学资源共享

课程思政鼓励不同学科教师之间的合作和交流，促进教学资源的共享和互补。各学科教师可以分享教学经验、教材资源和育人案例，从而提高教学质量和效果。

3. 相互促进

课程思政通过各个学科课程之间的相互促进，实现知识和思想政治教育的有机结合。不同学科的教学内容可以相互渗透和补充，帮助学生全面理解和应用所学知识，培养他们的综合思考能力和创新能力。

4. 交叉融合

课程思政倡导学科交叉融合的教学模式，通过跨学科的探究和研讨活动，促使学生在多个学科领域中学习和思考，培养他们的综合素养和综合能力。学生可以通过学习不同学科的知识，探索和理解思想政治教育的内涵和重要性。

5. 教育体系化发展

课程思政通过系统性的规划和管理，推动高校思想政治教育工作的体系化发展。学校建立健全相关的制度和机制，提供培训和指导，加强对课程思政建设的组织和协调，确保思政教育在各类课程中得到有效实施。

课程思政的系统性特征有助于促进学生全面发展和思想品德的培养。它强调课程之间的关联和互动，并通过整合和共享教学资源，提升思政教育的质量和效果。

（二）潜隐性

课程思政采用隐性的方式将思政元素融入专业课程中，通过"润物细无声"的方式渗透给学生，使学生在专业学习的过程中潜移默化地接受思政教育，提升思想道德素质。

首先，课程思政的潜隐性特征是通过隐性的方式将思政元素融入专业课程中。在课程设计和教学实施过程中，教师可以巧妙地将思政内容与专业知识相结合，使思政元素融入专业课程的各个环节中。例如，在专业案例分析中引入伦理道德的讨论，或者在专业实践活动中融入社会责任的思考。这样的设计可以让学生在专业学习的过程中不自觉地接受思政教育，实现知识与道德的有机融合。

其次，课程思政强调"润物细无声"的方式。教师在教学过程中注重思政元素的渗透方式，不过分强调宣传和灌输，而是通过自然的引导和启发，潜移默化地影响学生的思想和道德。例如，通过教师的言谈举止和行为示范，引导学生树立正确的价值观和道德观念。同时，通过鼓励学生自主思考和参与讨论，让他们在专业学习中主动思考道德伦理、社会责任等问题，从而实现思政教育的隐性渗透。

再次，课程思政注重专业课程中思政元素的有机融合。思政元素并非简单地添加到专业课程中，而是与专业知识相互贯通、相互促进。通过融合思政元素，可以帮助学生更好地理解专业知识的社会背景和价值取向，培养他们的综合思考能力和创新能力。例如，在经济学课程中，可以引导学生思考经济发展与社会公平的关系，激发他们对社会问题的关注和思考。

最后，课程思政的潜隐性特征能够提升学生的思想道德素质。通过将思政元素融入专业课程中，并通过隐性的方式渗透给学生，可以使他们在专业学习的过程中不断接受思政教育的熏陶和引导。这种潜移默化的教育方式有助于塑造学生的道德品格和价值观念，培养他们的社会责任感和公民意识。同时，潜隐性的思政教育还能够培养学生的自主思考和判断能力。通过将思政元素隐性地融入专业课程中，学生在学习过程中会不自觉地思考和探索与专业知识相关的伦理道德、社会问题等方面的议题。这种自主思考的过程可以激发学生的思维深度和广度，培养他们的批判性思维和判断力，使他们能够在面对复杂问题时综合思考、综合决策。

（三）整合性

课程思政强调知识、内容和主体的整合性，将立德树人作为根本任务，通过整合思政教育与专业知识，使学生能够在学科学习中全面发展，实现知识与价值的融合。

首先，课程思政的整合性体现在知识的整合。它强调将思政教育与专业知识有机地结合，通过整合不同学科领域的知识，使学生能够在学科学习中全面发展。这种整合性的特征体现在教学内容的设计上，教师将思政元素融入专业课程的教学内容中，以丰富学生的知识结构，提升学生的学科素养。例如，在工程类专业中，教师可以结合工程伦理、社会责任等思政元素，让学生在学习专业知识的同时了解并思考工程实践中的伦理道德问题，培养他们的价值观念和职业道德。

其次，整合性还表现在教学方法和手段的整合上。课程思政倡导教师运用多种教学方法和手段，使思政教育与专业教育相互融合、相互促进。教师可以采用讲授、讨论、案例分析、实践活动等多种教学方法，使学生在专业学习中接触到不同形式的思政教育。例如，通过讨论与互动，学生可以深入探讨专业知识与伦理道德、社会问题的关系，通过案例分析，学生可以了解专业实践中的伦理挑战与解决办法。这种整合性的教学方法和手段能够使学生在专业学习中全面发展，同时获得思政教育的熏陶。

再次，整合性体现在主体的整合上。课程思政强调知识与主体的整合，即使学生在专业学习中不仅仅是知识的获取者，还应成为具有良好思想道德素质和社会责任感的主体。

课程思政通过整合思政教育与专业教育，培养学生的人文关怀、社会责任感和创新能力，使他们能够在学科领域中发挥更积极的作用。例如，在商科专业中，课程思政可以培养学生的商业伦理观念和社会责任意识，使他们在未来的商业实践中秉持正确的价值观和道德准则。

最后，整合性还体现在课程思政对学校资源和管理的整合上。学校应通过整合各类教育资源和管理手段，为课程思政提供有力支持。学校可以建立跨学科的教师团队，促进思政教育与各个专业领域的教师合作，共同设计和实施思政课程。通过教师之间的交流与合作，思政元素能够更好地融入专业课程，促进学科知识和思想道德素质的有机结合。同时，学校可以制订相关政策和管理制度，确保课程思政的有效实施。例如，制订课程思政教师的培训计划，提升他们的教学水平和思政教育理论素养；建立课程评估机制，评价和改进思政课程，保证其质量和效果。

通过将思政教育与专业知识有机结合，采用多种教学方法和手段，培养学生的思想道德素质和职业能力，以及整合学校资源和管理手段的支持，课程思政能够实现知识与价值的融合，使学生在专业学习中全面发展，成为具有良好思想道德素质和社会责任感的人才。这种整合性的特征有助于提升学生的思想道德素质，培养他们成为既具备专业知识又具有高尚品德的综合型人才。

（四）增强感染力

课程思政注重培养学生的思想品德，通过思政教育的融入，增强教育的感染力，激发学生的学习兴趣和积极性，引导他们树立正确的世界观、人生观和价值观。

首先，课程思政通过感染力的提升，使学生在学习中充满热情和动力。思政教育以立德树人为根本任务，通过融入专业课程中的思政元素，激发学生对知识的渴望和追求。教师可以通过生动的教学方式、精彩的案例分析和启发性的问题引导，吸引学生的注意力，激发他们对学习的兴趣。例如，在历史课程中，教师可以讲述不同时期的伟大人物及其价值追求，引导学生思考并感受伟人的品德魅力，从而增强学生对历史学科的热爱和学习的积极性。

其次，课程思政通过感染力的提升，引导学生形成正确的世界观、人生观和价值观。思政教育强调培养学生正确的价值观念和道德观念，使其具备正确的人生目标和人生追求。教师可以通过真实的案例和实践活动，展示不同价值观之间的冲突和选择，引导学生深入思考并形成独立的判断。例如，在文学课程中，通过引导学生分析文学作品中的道德困境和人物的抉择，让学生思考并感受到不同价值观对人生选择的影响，从而引导他们形成积极向上的人生观和价值观。

再次，课程思政通过感染力的提升，加强对学生情感和情绪的引导。思政教育不仅仅是知识的传递和理性思维的培养，更需要关注学生的情感体验和情绪管理。教师可以运用感人的故事、鼓舞人心的演讲和音乐艺术等方式，触动学生的情感，激发他们内心深处的共鸣和共情。例如，在艺术课程中，通过欣赏音乐、观赏绘画和表演艺术，让学生感受到艺术的力量和情感的共鸣，增强他们的情感认同和情绪管理能力，从而提升思政教育的感染力。

最后，课程思政通过感染力的提升，培养学生的社会责任感和公民意识。思政教育要求学生关注社会问题和发展需求，激发他们对社会的责任感和参与意识。教师可以通过组织社会实践活动、参与公益项目和讨论社会热点话题等方式，让学生亲身体验社会问题，了解社会发展的重要性，培养对社会的关注和积极参与的意识。例如，在社会学课程中，教师可以组织学生走进社区，了解社区居民的生活现状，引发学生对社会不平等现象的思考，鼓励他们提出解决方案和行动计划。

通过生动有趣的教学方式和真实情感的引导，学生能够更加深入地思考和感受到思政教育的重要性，从而培养出具有社会责任感和公民意识的人才。这种感染力的提升不仅影响学生的个人发展，也能对社会产生积极的影响，推动社会的进步和发展。

（五）基于实践的导向

课程思政鼓励学生通过实践活动，将所学知识和思政要求应用于实际问题的解决，培养学生的创新精神和实践能力，使他们成为具有社会责任感的优秀人才。

首先，课程思政基于实践的导向体现在实践教学环节的设置上。思政教育强调学生实践能力的培养，通过实践活动使学生置身于真实的社会环境中，让他们亲自参与并解决实际问题。教师可以组织实地考察、实验实训、社会实践等形式的实践活动，使学生能够将所学知识应用于实际情境，提升他们的实际操作能力和问题解决能力。例如，在生态学课程中，教师可以组织学生开展生态环境调查与评估，让他们亲身感受环境问题的严重性，并通过实际行动提出相应的改进方案。

其次，基于实践的导向体现在项目式学习的推行上。课程思政倡导将学习与实践相结合，通过开展项目式学习，让学生在解决实际问题的过程中开展综合性学习和实践操作。教师可以设计跨学科的综合性项目，鼓励学生团队合作、独立思考、创新实践。例如，在信息技术课程中，教师可以组织学生开展软件开发项目，让他们通过实际编程和系统设计，应用所学知识解决实际需求，培养学生的团队协作能力和创新精神。

再次，基于实践的导向体现在社会实践和实习实践的开展上。课程思政鼓励学生参与社会实践和实习实践，通过实际工作和社会交往，让学生深入了解社会的发展和现实问题，并锻炼他们的实践能力和社会适应能力。教师可以与企业、社区和社会组织合作，为学生提供实践机会，并在实践过程中指导和评估。例如，在人力资源管理课程中，教师可以安排学生到企业实习，让他们亲身体验人力资源管理的实际操作，了解企业的组织文化和人力资源管理的挑战，从而培养学生的实际应用能力和领导才能。

最后，基于实践的导向还体现在实践经验的总结和反思上。课程思政强调实践经验的总结和反思，通过让学生深入思考和总结实践过程中的体会和教训，促使他们从实践中获得更深刻的认识和经验。教师可以引导学生撰写实践报告，开展座谈讨论、个人或团队的反思总结等形式，让学生深入思考和分析实践中的成功与失败，从而提高实践能力和自我反思能力。通过总结和反思，学生能够更好地理解实践的价值和意义，不断完善自身的能力和素质。

总体而言，课程思政是一种综合性的育人理念，它将思想政治教育与学科教育相融合，通过系统规划、潜隐渗透、整合知识和增强感染力的方式，促进学生全面发展，并引导他们树立正确的价值观和人生观。这种教育模式旨在培养有理想、有道德、有文化、有纪律的社会主义建设者和接班人。

四、高校课程思政建设的意义

（一）提升高校人才培养质量的关键要求

立德树人的重要论述回答了教育的根本问题，而课程思政则是立德树人教育重要论述在实践中的最好表达。课程思政是推动新时代教育教学改革的重要途径，能够探析、理清高校教育工作中有待完善的问题，从育人根本出发，找到问题症结，有效弥补教育工作的局限，进而全面提升人才培养的质量。

1.塑造正确的世界观和人生观

课程思政有助于引导学生形成正确的世界观和人生观。通过课程思政的引导和培养，学生可以更好地认识自己、理解社会、思考人生，树立正确的人生目标和追求。课程思政应当通过教育引导，培养学生积极向上、独立自主、有创新精神的正确人生观，引领学生树立正确的政治观和价值观，提高他们的人文素养和综合素质。

2.培养社会责任感和创新能力

课程思政建设有助于培养学生的社会责任感和创新能力。现代社会对人才的需求不仅仅是专业知识和技能，还需要具备良好的道德品质、广泛的人文素养和创新能力。课程思政通过将社会实践与课程教学有机结合，提供丰富的实践机会和创新平台，让学生在实际问题中思考问题与解决问题，培养他们的创新精神和实践能力。通过项目式学习、社会实践、实习实训等形式，学生可以在实际中感受社会的需求与挑战，锻炼解决问题的能力，培养自主学习、团队合作和创新思维等综合素质。

3.强化思想政治教育的渗透力和针对性

高校课程思政建设有助于强化思想政治教育的渗透力和针对性。在课程思政的理念下，将价值观教育通过课程运用到日常的教育教学中，以课程作为媒介，最大化地发挥教育的价值，引导学生自然接受。与传统教育中以知识完全支配教育的方式不同，课程思政具有潜隐性，能够使价值观教育、知识教育和实践教育协调发展、有机统一。它能调动学生各方面的综合能力，增强学生的社会责任感和价值判断，培养学生成为具有完整人格和高尚品德的独立个体，成为国家和社会的有用之才。

（二）转变高校教师传统角色的必然要求

随着社会的变化和发展，高校教育面临着新的挑战和要求。信息爆炸、网络安全、社会转型等因素对高校思想政治教育的质量和水平提出了更高的要求，也对大学生的核心能力提出了新的要求。为了提高人才培养的质量，高校课程思政建设成为当务之急。在这一过程中，高校教师角色的转变成为必然，他们需要更加全面地提升自己的能力和素质，以适应新时代学生的需求。

首先，高校教师需要成为德才兼备的楷模。在新时代，高校教师不仅要具备扎实的专业知识和教学技能，还应具备高尚的道德情操和崇高的职业道德。要以身作则，成为学生学习和成长的榜样。通过树立正确的价值观和人生观，高校教师可以引导学生形成正确的世界观和人生观，从而塑造他们的道德品质和人格魅力。

其次，高校教师需要具备政治素养和综合能力。在高校课程思政建设中，高校教师不仅要传授专业知识，还要注重培养学生的政治素养。他们应当深入了解马克思主义国家学说和新时代中国特色社会主义政治，引导学生树立正确的政治观和价值观。此外，高校教师还应具备综合能力，包括创新能力、团队协作能力和社会责任感。这些能力对学生的职业发展和社会适应能力的提高至关重要。

再次，高校教师需要不断学习和更新教育理念。随着社会的不断变化发展，教育理念也在不断更新。高校教师要紧跟时代的脚步，不断学习最新的理论成果和思想内核。通过不断提升自己的学识水平和教育理念，可以更好地指导学生，引导学生积极思考和创新，培养学生的综合素质和核心能力。

最后，高校教师需要积极参与课程思政建设，与其他教师密切合作，形成良好的教学团队。高校教师应当加强与专业教师之间的沟通和合作，将思想政治教育融入学科教学中，使学生在学习专业知识的同时，也能够接受思想政治教育的熏陶。高校教师要通过教学实践不断积累经验，不断改进教学方法和手段，提高教学效果。

除了在教学中的角色转变，高校教师还应积极参与学生思想政治教育活动的组织和指导，可以组织学生参加各类学术讲座、社会实践活动和志愿服务项目，引导学生关注社会热点问题，培养他们的社会责任感和公民意识。高校教师还可以利用网络平台和社交媒体等新媒体手段，开展在线教育和思政教育，与学生互动交流，拓宽学生的知识视野和思维空间。

高校课程思政建设的意义不仅在于提高学生的思想政治素质，更重要的是通过培养学生正确的人生观、价值观和世界观，为他们的人生发展提供良好的指导和引领。高校教师作为思政教育的主要实施者和引导者，承担着重要的责任和使命。他们的角色转变是高校课程思政建设的必然要求，是适应时代发展需求的必然结果。高校教师只有不断提升自己的能力和素质，不断更新教育理念，才能更好地履行教育者的职责，为培养德才兼备的新时代人才做出贡献。

（三）构建"大思政"教育格局的现实要求

高校课程思政建设的意义在于构建"大思政"教育格局，以满足新时代高校思想政治教育的现实要求和发展需求。这一教育格局要求高校课程思政与其他专业课程、综合素质课程以及第二课堂等实践相互融合，形成协同发展的整体，进一步提升高校思政教育的质量和水平。

首先，高校课程思政建设可以丰富各专业课程的教育内容和提升教学质量。通过将思政教育理念融入各专业课程，可以使学生在学习专业知识的同时，接受思想政治教育的引导和熏陶。例如，在工科类专业课程中，可以引导学生关注科技发展的伦理道德和社会责任，培养创新精神和社会意识。在文科类专业课程中，可以引导学生审视社会问题和文化现象，培养批判思维和价值观念。

其次，高校课程思政建设可以深化各专业学科的建设。课程思政的系统性和整合性特点使得各专业课程的思政资源能够有机融合，促进学科交叉与综合。通过思政教育的引领，可以帮助学生更好地理解和应用专业知识，提高综合素质和创新能力。例如，在医学类专业课程中，可以加强医德医风的教育，引导学生树立正确的医学伦理和社会责任感；在经济类专业课程中，可以关注社会公平与经济发展的平衡，引导学生思考可持续发展的经济模式。

再次，高校课程思政建设有利于综合素质课程和第二课堂等实践的发展。综合素质课程和第二课堂为学生提供了广阔的学习和实践平台，通过课程思政建设，可以使这些课程与思想政治教育形成有机的衔接和互动。例如，在社会实践活动中，可以引导学生关注社会问题，培养社会责任感和公民意识；在艺术体验课程中，可以通过欣赏和解读艺术作品，引导学生思考文化多样性和审美价值。这样的综合素质课程和第二课堂实践能够拓宽学生的视野，培养他们的综合能力和创新思维。

最后，高校课程思政建设有助于高校思想教育工作的整体发展。通过构建"大思政"教育格局，高校能够形成协同合作的教育模式，充分发挥各专业课程、综合素质课程和思政课程的协同作用。这不仅能提高学生的思想政治素质和综合素养，还能加强创新能力、团队协作能力和社会责任感。高校教师在课程思政建设中发挥重要作用，需要加强师资队伍建设，提高教师的思政教育理论水平和教学能力，以更好地引导学生的成长和发展。

综上所述，高校课程思政建设的意义在于构建"大思政"教育格局，使各专业课程、综合素质课程和第二课堂等实践相互融合，形成协同发展的整体，以满足新时代高校思想政治教育的现实要求和发展需求。这种建设有助于丰富教育内容，深化学科建设，促进综合素质发展，提高高校思想教育的整体水平，对培养德智体美劳全面发展的社会主义建设者和接班人具有重要意义。

第二节　高校课程思政建设的理论基础

一、隐性教育理论

隐性教育理论是高校课程思政建设的重要理论基础，它强调通过隐蔽、间接和渗入的方式对教育客体实施教育，以产生深远的影响。

（一）古代隐性教育思想与环境育人

中国古代就有"择邻而居，孟母三迁"的故事和"潜移暗化，自然似之"的名言，强调环境对人的影响。古代隐性教育思想主张通过塑造良好的环境和示范榜样以育人。在高校课程思政建设中，可以通过营造良好的课堂氛围和校园环境，将思政元素渗透其中，潜移默化地影响学生的思想信念和价值观念。

首先，古代隐性教育思想强调通过塑造良好的环境和示范榜样以育人。一个人所处的环境对其行为和思维具有深远的影响力。在古代中国，就有许多故事展示了环境对人的塑造作用。例如，"择邻而居，孟母三迁"故事中的孟母就意识到邻居对孩子成长的影响至关重要，她多次搬迁以确保孩子身处良好的环境。另外，"潜移暗化，自然似之"的名言则表达了环境对人的影响具有隐蔽性和渗透性，它不是通过直接的教育手段，而是通过潜移默化的方式潜藏在人们的日常生活中。这些古代隐性教育思想为我们认识到环境育人的重要性提供了重要的理论依据。

其次，高校课程思政建设可以借鉴古代隐性教育思想，通过营造良好的课堂氛围和校园环境，将思政元素渗透其中，潜移默化地影响学生的思想信念和价值观念。在高校课程中，课堂氛围和校园环境是学生接受思政教育的重要载体。首先，课堂氛围应该营造积极、开放和鼓励思考的氛围。教师可以采用多种教学方法和教学手段，激发学生的思考和学习的兴趣，鼓励学生自由表达观点，并尊重多样化的意见和观点。可以在课堂中渗透思政元素，通过与学生的互动和讨论，引导学生思考社会、道德、价值等问题，培养他们的思想意识和判断力。

再次，古代隐性教育思想与环境育人的理念可以与现代的课程思政相结合，形成更为完整和有效的教育模式。在高校课程思政建设中，可以将思政元素融入各学科教学中，在教授学科知识的同时，培养学生的思想品德和价值观念。例如，在社会科学类的专业课程中，可以引入相关的思政内容，让学生了解社会现象和问题的背后的思想和价值观念，培养他们的社会责任感和公民意识。此外，高校还可以设置专门的综合素质课程，将思政教育纳入其中，通过讨论、案例分析、角色扮演等教学方法，引导学生思考和探索人生的意义和价值，提升其人文关怀和全面素质。

最后，高校课程思政建设中的古代隐性教育思想与环境育人的理念，对提升学生综合素养起着重要作用。学生的综合素养不仅包括专业知识和技能，更包括思想道德修养、创新能力、社会责任感等。在高校课程思政建设中融入古代隐性教育思想与环境育人的理念，可以更全面地提升学生的综合素养。

（二）陶行知的"生活即教育"理论

陶行知提出了"生活即教育"和"社会即学校"的教育理论，认为生活中蕴含着丰富的教育资源。高校课程思政建设可以借鉴这一理论，将思政教育融入学生的日常生活和学习中，通过生活经验的教育引导，培养思想素质和创新能力。

首先，陶行知提出了"生活即教育"和"社会即学校"的教育理论。根据陶行知的观点，教育不仅仅局限于学校教育，生活本身就是最好的教育场所。每个人在日常生活中都能获得丰富的教育资源，通过体验、观察和思考，不断成长和发展。这一理论为高校课程思政建设提供了新的视角和方法。

其次，高校课程思政建设可以借鉴陶行知的"生活即教育"理论，将思政教育融入学生的日常生活和学习中。第一，教师可以通过引导学生观察和思考身边的事物和现象，在生活中获得思想启迪和价值触动。例如，在课堂上，教师可以通过展示和讨论社会问题、道德困境等案例，让学生从中感悟人生智慧和道德选择。第二，高校可以积极组织学生参与社会实践和志愿服务活动，让学生亲身体验社会的多样性和复杂性，从中汲取教育的力量。这种通过生活经验的教育引导，更加贴近学生的实际需求和兴趣，增强其参与度和学习动力。

再次，高校课程思政建设应注重培养学生的思想素质和创新能力。陶行知的"生活即教育"理论提倡学生通过观察、思考和实践，培养独立思考和创新思维能力。在高校课程思政中，教师可以设计启发性的问题和课程活动，鼓励学生积极思考和质疑，培养他们的批判性思维和创新意识。同时，高校还可以组织学生参与科研、创新竞赛和社团活动，提供学生发挥创造力和创新能力的平台，促进学生的全面发展。

最后，高校课程思政建设可以促进学生的个人发展和综合素养。陶行知的"生活即教育"理论倡导将思政教育融入学生的日常生活和学习中，学生在实践中感受和理解思政的重要性，将其转化为自身的思想信念和行为准则。这种思政教育的方式不仅能提高学生的道德水平和社会责任感，还能培养学生的创新能力和问题解决能力。

（三）西方学者的隐性教育研究

西方学者如杜威和克伯屈，提出了关于隐性教育的概念和理论，强调"教育即生长""连带学习"和非正式文化传递等概念。这些理论对高校课程思政建设有启示作用，可以通过将思政元素融入专业课程和综合素质课程中，以及通过非正式的文化传递方式，实现对学生的隐性教育。

首先，西方学者杜威在其教育理论中提出了"教育即生长"的观点，强调教育是一个综合而持续的过程，不仅仅局限于课堂教学。这一理论意味着高校课程思政建设不应仅仅局限于开设一门独立的思政课程，而应将思政元素融入专业课程和综合素质课程中。例如，教师可以在专业课程中引入与思政相关的案例和讨论，让学生在专业学习的同时也思考与之相关的道德和社会责任问题。此外，综合素质课程可以提供学生思政教育的多样化平台，培养学生的创新能力、沟通能力、领导能力等。

其次，克伯屈提出了"连带学习"理论，认为人们在参与社会实践和社交互动的过程中，通过观察和模仿他人的行为，隐性地获得知识和价值观念。这一理论对高校课程思政建设具有启示意义。高校可以通过引入贯穿思政元素的社会实践活动和团队合作项目，让学生在实践中获得思政教育的隐性影响。此外，高校可以鼓励学生参与学生组织、社团活动等社交互动，通过与他人的交流和合作，促进价值观念的传递和塑造。

再次，西方学者还强调了非正式文化在隐性教育中的传递作用。非正式文化包括日常生活中的习俗、价值观念、社会规范等，对个体的教育起着潜移默化的影响。高校课程思政建设可以通过创造积极向上的校园文化和环境，以及鼓励学生参与各种文化活动，实现对学生的非正式文化传递。例如，举办文化艺术展览、演讲比赛、读书会等活动，培养学生的审美情趣、文化修养和社会责任感。

最后，高校课程思政建设中西方学者的隐性教育研究为教育者提供了新的视角和方法。通过将思政元素融入专业课程和综合素质课程中，以及通过非正式的文化传递方式，可以实现对学生的隐性教育。这些方法能够更好地满足学生的需求，提升他们的思想品质和价值观念。

（四）隐性教育在高校课程思政建设中的应用

高校利用隐性教育开展思政工作主要体现在课程教学、校园环境、学校规章制度和文娱活动等方面。通过在课程中融入思政元素，如通过学习经典文献激发学生的家国情怀；在校园环境中隐含思政元素，如通过伟人雕塑、校史馆、励志壁画等教育学生形成正确的价值观；在学校规章制度中规定，如要求学生遵守校训校规，帮助其形成规则意识等；在文娱活动开展"有意设定"，如利用劳动节等节日，提升学生的劳动意识。

隐性教育理论的应用可以在高校课程思政建设中起到四个方面的作用。

1. 隐性教育能够潜移默化地影响学生的思想信念和价值观念

通过将思政元素渗透到课程教学中，培养学生正确的世界观、人生观和价值观，使其在成长过程中形成积极向上的态度和行为习惯。

2. 隐性教育能够提升学生的综合素养

通过在校园环境中创设思政元素的氛围，如雕塑、展览和壁画等，引导学生感受和理解社会历史、文化传统以及伟人事迹，进而增强他们的人文素养和社会责任感。

3. 隐性教育能够促进学生的自主发展和创新能力

将思政元素融入学生的日常生活和学习中，通过生活经验的教育引导，激发学生的创新思维和问题解决能力，培养他们的独立思考和自主学习的能力。

4. 隐性教育能够培养学生的社会责任感和公民意识

通过学校规章制度的规定和文娱活动的设计，引导学生遵守道德规范和社会规则，培养其法治意识和社会责任感，使他们成为有担当、有社会情怀的公民。

通过充分吸收和应用隐性教育理论，高校可以在课程教学、校园环境、规章制度和文娱活动等方面开展思政工作，提升学生的综合素养和思想道德品质。

二、协同教育理论

协同教育理论强调学校、家庭和社会三个主体之间的协同合作，通过各方力量的共同努力，实现学生全面发展和综合素质提升。

（一）协同效应的理论基础

在高校课程思政建设中，协同效应的理论基础可以提供重要的指导和启示，以建立一个综合而有力的教育支持体系，促进学生的全面发展。

首先，协同效应强调学校、家庭和社会三个主体之间的协同合作。学校是主要的教育机构，承担着课程教学和思政教育的重要责任。家庭是学生的第一教育场所，对学生的价值观念和行为习惯产生重要影响。社会是学生成长的外部环境，提供广泛的社会资源和实践机会。这三个主体之间的协同合作可以形成一个全方位、多层次的教育支持体系，为学生的思政教育提供多维度的支持和培养。

其次，协同效应强调各个教育主体的互补性。学校、家庭和社会在教育中各有不同的角色和功能，它们可以相互补充和强化，形成更加综合和全面的教育效果。学校可以通过开设思政课程和相关的综合素质教育课程，提供系统的思想教育和知识传授；家庭可以通过家庭教育和亲子交流，传递道德价值观和家庭文化；社会可以通过社会实践、实习和志愿服务等活动，提供实践机会和社会责任感的培养。这些主体之间的协同合作可以最大限度地发挥各自的优势，促进教育效果的整体提升。

再次，协同效应强调教育主体之间的互动和沟通。只有通过密切的互动和有效的沟通，各个主体之间才能建立起信任、理解和合作的关系。在高校课程思政建设中，学校可以与家长建立良好的沟通渠道，定期交流学生的学习情况和思想发展；家长可以积极参与学校的家长会议和教育活动，与教师共同关注学生的思政教育；社会可以与学校建立合作伙伴关系，提供实践机会和专业指导，促进学生的社会参与和发展。通过加强教育主体之间的互动和沟通，可以更好地理解学生的需求和潜力，共同制订有效的教育方案，实现协同效应的最大化。

最后，协同效应还强调教育主体之间的协调与一致性。各个主体应当在教育目标、价值观念和教育方法上保持一致，形成统一的教育合力。在高校课程思政建设中，学校、家庭和社会可以共同制订和实施学生思政教育的计划和活动，确保各个方面的教育内容和方法相互衔接、相互支持。同时，各个主体还应当加强合作与交流，通过教师家访、家长参与课堂观摩等形式，促进教育主体之间的互动与协同，共同营造有利于学生全面发展的教育环境。

通过学校、家庭和社会三个主体之间的协同合作，形成全方位、多层次的教育支持体系，充分利用各种教育资源和机会，促进学生全面发展。同时，加强教育主体之间的互动和沟通，保持教育目标的一致性和协调性，实现教育效果的最大化。这将为高校思政教育的质量和效果提供有力保障，培养出德智体美劳全面发展的社会主义建设者和接班人。

（二）纵向协同与横向协同的实现

协同教育理论分为纵向协同和横向协同两个层面。纵向协同是指教育主体之间的协同，包括学校、家庭和社会之间的协同合作。在高校课程思政建设中，可以通过加强学校与家庭、社会的沟通和合作，形成共同育人的合力。横向协同是指学校、家庭、社会三者之间的协同。在高校课程思政建设中，可以通过与社会各界的合作，如企业合作、社会实践等方式，增加学生的实践经验和社会参与感。

首先，纵向协同的实现涉及学校、家庭和社会三个主体之间的协同合作。在学校层面，学校可以与家庭和社会建立紧密联系，共同育人。教师可以与家长保持密切沟通，及时了解学生的学习和成长情况，共同制订教育目标和计划。学校还可以邀请家长参与学校活动和课程讲解，增加家长对学校工作的了解和参与度。同时，学校还可以与社会各界建立合作关系，邀请行业专家、社会组织等参与学生的思政教育，提供实践机会和专业指导。通过学校、家庭和社会三者之间的紧密合作，可以为学生提供全方位的教育支持和发展机会。

其次，横向协同的实现涉及学校、家庭和社会之间的协同合作。学校可以与社会各界建立广泛的合作关系，如企业合作、社会实践等。学校可以与企业合作开展实习实训项目，让学生在实际工作中学习和应用所学知识，增加职业素养和实践能力。学校还可以组织学生参与社会实践活动，让他们深入社区，参与公益项目，增强社会参与感和责任意识。同时，学校可以与社会各界的专业人士合作，开展讲座、研讨会等活动，为学生提供多元化的学习资源和思想启发。通过与社会的广泛合作，为学生提供更广阔的视野和实践机会，培养他们的创新能力和社会适应能力。

为实现纵向协同和横向协同，高校课程思政建设需要采取一系列措施。例如，建立有效的沟通机制，确保学校、家庭和社会之间的信息共享和互动。学校不仅可以定期与家长会面、座谈，了解家庭对学生教育的期望和需求；还可以建立与社会各界的合作机制，与企业、社会组织等建立合作伙伴关系，共同开展教育项目和活动。

通过纵向协同和横向协同的实现，学校、家庭和社会可以形成紧密的合作网络，为学生提供全方位的教育支持和机会。为了实现协同教育，学校需要建立有效的沟通机制，建立协同育人的机制和平台，提供专业培训和支持，以及建立评估和反馈机制。这样的协同教育体系能够更好地促进学生的全面发展和成长。

（三）协同教育的实施策略

在高校课程思政建设中，可以采取多种策略实施协同教育。

首先，加强学校与家庭的合作，建立良好的家校沟通机制，形成家校共育的合力。

其次，加强学校与社会的合作，开展社会实践、实习实训等活动，让学生接触实际问题以培养实践能力。

最后，通过建立学生社团、志愿者服务等形式，鼓励学生参与社会公益活动，培养社会责任感。

（四）协同教育的价值和意义

协同教育理论在高校课程思政建设中具有五大价值和意义。

1. 提升教育效果

协同教育理论强调学校、家庭和社会之间的协同合作，充分利用各方的教育资源和力量，提供多样化的学习机会和支持，有助于提升教育的全面效果。

2. 促进学生全面发展

协同教育理论关注学生的综合素质发展，通过学校、家庭和社会的共同努力，培养学生的学术能力、社交能力、实践能力等各个方面的能力，促进全面发展。

3. 强化社会参与责任感

协同教育理论倡导学校与社会的合作，通过社会实践、实习等活动，让学生与社会接轨，了解社会需求和问题，培养社会参与意识和社会责任感。

4. 建立多元育人模式

协同教育理论强调学校、家庭和社会的协同合作，鼓励多元参与，打破传统教育的边界，使教育过程更加丰富多样，符合学生的个性差异和发展需求。

5. 增强教育的社会影响力

通过协同教育理论的应用，高校课程思政建设可以更好地与社会接轨，解决社会问题，培养社会需要的人才，增强高校教育的社会影响力和认可度。

总之，协同教育理论在高校课程思政建设中的应用具有重要的价值和意义，可以提升学生的综合素养，增强学生的社会参与能力和责任感，促进教育的全面发展、建立多元育人模式，同时也能够增强高校教育的社会影响力和认可度。

第三节　高校课程思政建设的发展历程

高校课程思政建设的发展历程可以追溯到中国高等教育改革开放以来的几个重要阶段。本节简单介绍其中的几个里程碑事件和大致发展趋势。

一、高校思想政治教育的确立

高校思想政治教育的确立是中国高等教育改革的重要内容之一。在中华人民共和国成立后，高校思想政治教育主要侧重马克思主义理论的传授和灌输。这个时期，教育部门着重培养学生的社会主义思想觉悟和阶级觉悟，以确保他们能够成为社会主义事业的合格建设者和接班人。

在这个阶段，高校思想政治教育的主要任务是让学生掌握马克思主义、毛泽东思想的基本原理，深入了解社会主义理论和实践，接受社会主义核心价值观的教育。这种教育形式注重学生对马克思主义基本原理的理解和信仰，强调学生的政治意识和政治纪律，以培养他们成为社会主义事业的坚定拥护者和积极参与者。

随着中国改革开放的深入，高校思想政治教育逐渐扩展为全面的思想品德教育。20世纪80年代，高校开始注重培养学生的道德品质、思想道德素质和社会责任感。学校不仅关注学生的政治思想教育，还注重培养学生的思维能力、道德情操、人文素养等方面的综合素质。

这一阶段，高校思想政治教育的目标是培养学生全面发展的个体，具备正确的世界观、人生观和价值观，以及强烈的社会责任感和公民意识。思想政治教育开始注重培养学生的创新思维、实践能力和团队合作精神，鼓励学生积极参与社会实践和公益活动。

随着教育改革的推进，高校思想政治教育也面临着新的挑战和机遇。在当今社会，高校思想政治教育不仅是教授知识和理论，更要求学校关注学生的个体差异和多元发展需求，通过多种教育手段和形式，激发学生的学习兴趣和创造力。

二、课程思政的提出

20 世纪 90 年代以后，为了推动高校思想政治教育的深入发展，提高思政教育的实效性和针对性，提出了"课程思政"的概念。课程思政强调将思想政治教育融入各学科和专业课程中，以课程为平台，实现思政教育与学科教育的有机结合。

（一）背景和理论基础

20 世纪 90 年代后，随着中国社会的深刻变革和高等教育的发展，高校思想政治教育也面临新的挑战和需求。为适应时代要求，在借鉴西方国家的课程理论和教育理念的基础上，提出了"课程思政"的概念。

课程思政的提出是建立在西方国家课程理论基础之上的创新实践。西方国家的课程理论认为，课程不仅是知识的传授和学科的教学，更应该承担起培养学生思辨能力、创新能力和社会责任感的任务。这种理论对中国高校思想政治教育的发展具有积极的启示作用。

（二）课程思政的内涵和目标

课程思政强调将思想政治教育融入学科课程中，以课程为平台，实现思政教育与学科教育的有机结合。课程思政的目标是培养学生的爱国主义情感、社会主义核心价值观、科学精神和创新能力等综合素质。

课程思政强调思政教育的渗透性、贯穿性和整体性，旨在通过学科课程引导学生对社会现象和问题开展深入思考和分析，培养学生的创新思维和解决实际问题的能力。课程思政还注重培养学生的社会责任感和公民意识，使其具备成为时代发展的有识之士和建设者的能力。

三、"大思政"战略的实施

2004 年，教育部提出了"大思政"战略，将思想政治教育纳入高等教育改革的总体规划，强调高校要全面贯彻落实社会主义核心价值观，推动学生全面发展。这一战略要求高校加强思政课程建设，提高教师队伍素质，强化学生实践教育。

（一）背景和提出的目的

2004 年，教育部提出了"大思政"战略，将思想政治教育纳入高等教育改革的总体规划。这一战略的提出是为了适应社会主义现代化建设和高等教育改革发展的需要，加强高校思想政治教育，培养德智体美全面发展的社会主义建设者和接班人。

（二）思政课程建设的重点

实施"大思政"战略的关键是加强思政课程的建设。高校要深入贯彻落实党的教育方针，推进思想政治理论课程改革，注重理论与实践相结合，加强知识与能力的培养。高校需要通过设计优质的思政课程，提高课程的针对性、实效性和吸引力，使学生能够更好地接受思政教育的熏陶和影响。

（三）教师队伍素质提升

为实施"大思政"战略，高校需要加强思政教师队伍的建设。培养一支高素质、专业化的思政教师队伍是关键。高校要加强对思政教师的培训，提供专业发展和成长的机会，使他们能够不断提升自己的教学水平和思政教育理论素养。同时，还要建立健全教师评价和激励机制，激发教师的积极性和创造性。

（四）强化学生实践教育

为了推动"大思政"战略的实施，高校要加强学生实践教育。通过组织丰富多样的实践活动，如社会实践、实习实训、志愿者服务等，让学生深入社会实践，增强实践能力和社会责任感。高校还应该积极营造良好的学风和校风，引导学生树立正确的人生观、价值观和世界观，培养他们的爱国情怀和社会责任感。

"大思政"战略的实施是为了推进高校思想政治教育的深入发展，培养德智体美全面发展的社会主义建设者和接班人。通过实施"大思政"战略，高校课程思政建设取得了显著的成果。

四、课程思政建设的深化

近年来，随着教育理念的不断更新和高校课程改革的推进，课程思政建设呈现出更加多元化和创新化的特点。通过开设综合素质课程、选修课程等形式，高校将思政教育元素渗透到学生的全面教育过程中。同时，注重培养学生的创新能力、实践能力和社会责任感，鼓励学生参与社会实践、志愿服务等活动。

（一）开设综合素质课程和选修课程

为了深化课程思政建设，高校逐渐引入综合素质课程和选修课程，将思政教育融入学生全面教育的过程中。综合素质课程通常涵盖人文科学、自然科学、社会科学等领域，旨在培养学生的综合素质和学科跨界能力。思政教育被有机地融合在这些课程中，通过思想道德教育、价值观引导等方式，培养学生的思维能力、判断力和创新能力。

（二）注重实践能力和创新能力的培养

课程思政建设的深化还注重培养学生的实践能力和创新能力。高校通过开设实践课程、实验课程、创新创业课程等形式，为学生提供参与实际问题解决和创新实践的机会。在这些课程中，思政教育通过引导学生关注社会问题、思考解决方案，培养学生的实践能力和创新精神。

（三）鼓励学生参与社会实践和志愿服务

高校课程思政建设的深化还通过鼓励学生参与社会实践和志愿服务活动以加强思政教育的实效性。学校组织学生参与社会实践活动，如社区调研、社会调查、企业实习等，亲身感受社会的复杂性和多样性，培养他们的社会责任感和公民意识。同时，学校也鼓励学生参与志愿者服务活动，通过为社会公益事业贡献自己的力量，培养学生的奉献精神和社会关怀意识。

（四）构建全员育人的机制和环境

为了深化课程思政建设，高校需要构建全员育人的机制和环境，包括教师队伍建设、评价体系建设和校园文化建设等方面。高校要注重教师的思政教育素养和教育教学能力的提高，为教师提供持续的专业发展支持和培训机会。教师在教学中要注重思政元素的融入，灵活运用教学方法和手段，激发学生的学习兴趣和思辨能力。此外，建立科学合理的评价体系，能够全面评价学生的综合素质和思政教育效果，鼓励学生在思想道德、创新能力、实践能力等方面的发展。

同时，校园文化建设也是构建全员育人机制和环境的重要内容。高校要倡导积极向上、健康向善的校园文化，营造浓厚的学习氛围和良好的道德风尚。学校可以组织各类思政文化活动，如讲座、研讨会、主题演讲等，引导学生积极参与，通过校园文化建设加强学生的思政教育。

通过开设综合素质课程和选修课程，注重实践能力和创新能力的培养，鼓励学生参与社会实践和志愿服务，以及构建全员育人机制和环境，高校能够深化课程思政建设，促进学生的全面发展和社会主义核心价值观的坚守。这一发展历程使高校思政教育更加符合时代需求，为培养德智体美全面发展的社会主义建设者和接班人提供有力支撑。

第三章　高校课程思政建设的发展现状

第一节　高校课程思政建设的现状

在当前的教育环境下，高校课程思政建设受到了越来越多的关注和重视。随着国家对思想政治教育的重视，高校纷纷将思政教育融入各门课程中，以提高学生的思想道德素质和综合素养。

一、政策支持和重视程度

国家对高校课程思政建设给予了明确的政策支持和重视，将思想政治教育纳入高校教育体系的各个层面。相关政策文件和指导意见的发布，为高校课程思政建设提供了政策基础和方向，使其得到更多关注和重视。

首先，国家发布了一系列的法律法规和文件，明确高校课程思政建设的重要性和必要性。例如，2018 年教育部发布的《高等学校课程思政建设工作指导意见》明确要求高校将思政教育纳入各个学科的教学过程中，注重培养学生的思想道德素质和创新能力。

其次，国家还提出了具体的政策措施，支持和推动高校课程思政建设的开展。例如，国家鼓励高校在教师队伍建设中加强思政教育师资队伍的培养和引进，为思政教育提供人才支持。同时，国家也鼓励高校积极开展思政课程的改革和创新，推动思政教育内容和方法的更新和优化，以更好地适应时代和学生的需求。

最后，国家还加强了对高校课程思政建设的监督和评估，确保其质量和效果。教育部定期开展对高校思政课程的评估和检查，表彰和奖励表现突出的高校，对存在问题的高校提出改进要求，促进思政课程的不断提升和发展。

在高校内部，高校领导对课程思政建设也给予了高度的重视，将思政教育纳入高校发展规划的重要内容，加强对思政教育的组织领导和资源保障；注重思政课程的教师队伍建设，提高教师的思政教育水平和能力，为教师提供培训和专业发展的机会。同时，也重视思政教育的教学质量和效果，通过开展教学评估和教学研究，推动课程思政建设的不断改进和提高。

二、教学体系构建

高校在课程思政建设方面着手构建相应的教学体系，将思想政治教育贯穿于各门课程中，注重融入专业课程中的思政元素，设计相关的思政课程以及综合素质教育课程。通过多学科的融合和综合教育的方式，培养学生的思想道德素质和综合素养。

首先，高校注重在专业课程中融入思政元素。专业课程不仅传授学科知识，也应当培养学生的思想品质和道德意识。因此，高校教师积极探索将思政元素融入专业课程中的方法，通过案例分析、讨论课、课堂演示等形式，引导学生思考学科背后的伦理和社会责任，并将学科知识与社会实践相结合，培养学生的综合素养和创新精神。

其次，高校设计了相关的思政课程。这些思政课程旨在为学生提供系统、全面的思想政治教育。这些课程涵盖了马克思主义基本原理、中国特色社会主义理论体系、法律法规和公民道德等内容，以培养学生的政治意识、社会责任感和法治观念，采用多种教学方法，如讲座、研讨、小组讨论等，旨在激发学生的思考和参与，提高他们的思辨能力和问题解决能力。

最后，高校还注重综合素质教育课程的设置。这些课程涵盖人文、社会科学、自然科学等多个领域，旨在培养学生的综合素养和全面发展。在这些课程中，高校注重培养学生在创新思维、团队协作能力、社会责任感等方面的素质，以及文化修养和社会参与能力。通过综合素质教育课程的设置，高校努力培养具有扎实学科知识和良好思想道德素质的优秀人才。

三、师资队伍建设

高校在课程思政建设中注重培养和引进具有思政教育背景和专业素养的教师，加强对教师的培训和研究支持，提高教师的思政教育水平和教学能力。同时，鼓励教师开展相关研究，促进思政教育与学科教育的融合和互动。

首先，高校注重对教师开展思政教育的培训，如各类培训活动，包括研讨会、研修班、培训课程等，旨在提升教师的思政教育理论素养和专业能力。这些培训内容涵盖思政教育的基本理论知识、教学方法与策略、案例分析与讨论等，帮助教师全面了解思政教育的目标、要求和实施方法。

其次，高校鼓励教师参与思政教育研究和教学改革，支持教师开展相关研究项目，促进思政教育理论与实践的结合。教师可以通过开展教学案例研究、教学方法创新等方式，不断提高自己的思政教育水平和教学效果。高校还鼓励教师参与学术交流和学术会议，拓宽视野，与同行们分享经验和思考。

最后，高校积极引进具有思政教育背景和专业素养的教师，通过开展招聘和引进政治理论、思想教育等专业的人才，提高教师队伍的整体素质和能力。这些教师具有较高的思政教育理论造诣，能够有效地组织和开展思政教育课程，为学生提供优质的思政教育。

四、教学方法创新

高校在课程思政建设中注重教学方法的创新，积极探索多样化的教学手段，如案例教学、讨论课、互动式教学等，以激发学生的思考，提高学生的参与度。通过实践教学和社会实践活动，将思政知识应用到实际生活中，提升学生的实践能力和社会责任感。

首先，高校采用案例教学方法。案例教学通过引入实际案例，让学生在实际问题中学习和思考，培养他们的问题解决能力和批判思维能力。教师将真实的社会案例引入课堂，让学生分析、探讨案例中存在的思政问题，引导他们深入思考和辩证思考。这种方法使学生更加贴近实际，增强了对思政知识的理解和应用能力。

其次，高校重视讨论课的开展。讨论课是一种以学生为中心的教学方式，通过让学生主动参与讨论、交流和辩论，培养思辨能力和表达能力。在讨论课中，教师起到引导和组织的作用，鼓励学生提出问题、表达观点、展开辩论，并提供相关的背景材料和引导性问题，促进学生的思考和互动。这种互动式的教学方式可以激发学生的学习兴趣和积极性，提高对思政问题的理解和思考深度。

最后，高校也积极探索互动式教学的方法。互动式教学通过教师和学生之间的互动和交流，营造积极的学习氛围。例如，教师可以通过提问、小组活动、角色扮演等方式，让学生积极参与课堂，分享观点和经验。互动式教学不仅提高了学生的学习主动性和参与度，还促进了学生之间的合作与交流，培养了学生的团队合作能力和社交能力。

五、资源支持和环境营造

高校为课程思政建设提供了相应的资源支持和环境营造，建立了相关的教学资源库和平台，提供教材、课件、案例等教学资源，为教师和学生提供便利。同时，高校还鼓励学生参与学生组织、社团活动等，提供丰富多彩的课外思政教育活动。

首先，高校建立了相关的教学资源库和平台。这些资源库包括教材、课件、案例等教学资源，为教师提供了丰富的教学工具和素材。教师可以根据自己的教学需求，从资源库中选择和利用相关资源，提高教学的针对性和效果。同时，教学平台的建设使得教师和学生可以方便地共享教学资料和互动交流，促进教学的交流与合作。

其次，高校鼓励学生参与学生组织和社团活动。学生组织和社团提供了丰富多彩的课外思政教育活动。学生可以通过参与社团活动，深入了解和学习思政知识，拓宽自己的视野和思维，增强对社会和国家发展的关注和责任感。学生组织和社团也可以组织一些学术讲座、座谈会、主题活动等，为学生提供更多的思政教育资源和交流平台。

此外，高校为思政教育提供良好的环境营造，积极创造教育氛围和校园文化，将思政教育融入学校的日常教育管理和学生生活。例如，学校可以组织一些学术讲座、思政论坛、纪念活动等，邀请专家学者和社会名人进校园开展思政教育宣讲和交流，激发学生的学习兴趣和参与度。此外，学校还可以开设一些课外选修课程，提供多样化的思政教育内容和形式，让学生能够根据自己的兴趣和需求选择。

第二节　高校课程思政建设存在的问题

一、新时代高校课程思政在育人上存在的问题分析

（一）高校课程思政建设管理存在缺位

自高校课程思政建设以来，各地区各高校积极推进该项工作，而且取得了很好的成绩，但就访谈调研结果看，实际过程中仍然存在一些管理层面的问题，主要集中在高校课程思政教育理念学习力度不够、组织力度不强、管理者权责不明、课程思政与思政课程之间存在认识偏差等四个方面。

1.课程思政教育理念学习力度不够

高校课程思政建设存在的问题之一是高校课程思政建设管理存在缺位，其中课程思政教育理念学习力度不够是一个突出问题。

（1）部分高校师生对课程思政教育理念缺乏持久性的学习

这主要体现在高校党委机构、学院机构学习课程思政教育理念的次数较少。学习机会主要局限在中央或地方党委、政府或相关教育部门之后有限次数的学习。由于学习次数不够，高校管理者对课程思政教育的重视程度不高，缺乏对其深入理解和认知的机会。因此，在专业课堂中融入思政元素的实践常常是断断续续的，缺乏持续性和系统性。

（2）现有的学习形式主要以"开大会"的方式开展

虽然这种形式旨在体现学习内容的严肃性，但在学院层面和学院思政辅导员层面，对具体课程思政教育内容的具体落实相对较少。学院思政辅导员更多地关注学生工作，对学院教师的培训、考核和提醒等环节对课程思政教育的关注度较低。

2.课程思政建设组织力度不强

高校课程思政建设存在的问题之一是高校课程思政建设管理存在缺位，而其中一个突出问题是课程思政建设组织力度不强。这种情况主要体现在学院层面、党组织层面和高校社团层面的组织力度有待提升，而学校党委层面的组织力度已经相对较好。

调研发现，大多数教师认为高校课程思政建设的组织呈现出"上强下弱"和"上急下缓"的特点。在高校课程思政建设中，不同环节和不同岗位的努力程度不一致。高层管理者虽然积极推动，但基层的落实进展缓慢。其中主要原因是基层对课程思政建设的重视程度不够，导致组织力度不足。

在基层教师参加特定培训学习方面，应该更有针对性地组织安排。然而，由于其他教育事项的干扰，基层教师参与培训学习的时间和机会受到限制。此外，与课程思政建设相关的学生社会实践活动也因教育教学安排不合理而被推迟或取消。整体而言，高校课程思

政建设在规划安排和统筹能力方面存在欠缺，需要加强以提升组织力度。

这种组织力度不强导致高校课程思政建设的步伐迟缓，降低其阶段性质量。因此，需要加强规划和安排，提高组织能力。应注重在学院层面和党组织层面制订具体的计划和时间表，确保基层教师参与课程思政建设的培训学习，并合理安排学生参与相关社会实践活动。此外，还应提升高层管理者的统筹能力，加强对基层的指导和支持，确保课程思政建设各环节的协调推进。

针对高校课程思政建设管理中存在组织力度不强的问题，需要加强对基层教师和学生的培训学习安排，加强规划和统筹能力，以推动高校课程思政建设的全面发展。

3. 课程思政建设部分管理者权责不明

高校课程思政建设作为相对较新的教育渠道，仍处于探索阶段，对基层岗位如何开展课程思政建设仍存在较多的疑问和困惑。

首先，对如何开展详细高效的精神和思想学习，需要明确合适的学习方式，以帮助高校教师更好地接受并快速应用所学知识。这涉及制订有效的学习计划、提供优质的学习资源、组织有针对性的学习活动等方面的问题。

其次，学习课程思政教育理念之后，需要思考如何激励学院教学岗位和思政岗位的教师，并促进两个岗位之间以及教学岗位的教师之间的协同育人。这需要建立有效的激励机制，鼓励教师在课程思政建设中发挥积极作用，同时促进教学岗位和思政岗位教师之间的合作与交流，形成协同育人的良好氛围。

最后，还需要思考如何针对学生开展行之有效的课程思政教育工作。这涉及设计具有吸引力和针对性的教育方案，培养学生的思政意识和道德素养，激发他们的学习热情和社会责任感。

为了解决上述问题，需要对参与课程思政建设的教师开展权责界定。通过明确特定事项的责任归属和边界，可以帮助澄清权责问题，防止由于权责不明导致课程思政建设滞后的情况发生。这可以通过制订明确的岗位职责和任务分工，建立有效的沟通机制和协作平台实现。

4. 课程思政与思政课程之间存在认识偏差

在高校思想政治教育的改革过程中，一些学者认为在改革之前，高校学生的思想政治教育主要依靠思想课程，即思想政治课堂的理论和实践学习。而改革之后，强调思政课程必须发挥重要作用的同时，也要推行课程思政的教育理念，促进各学科协同育人的模式，认为课程思政与思政课程应该同向发展，形成协同效应。

然而，通过访谈调研发现，一些教师在初期对课程思政概念与思政课程概念之间存在一定的模糊认知。他们简单地认为课程思政是思政课程的升级版，将高校思想政治教育的中心仍然局限在思政课程上，忽略了课程思政与思政课程在本质上的区别。实际上，课程思政是一种教育理念，而思政课程是一门思想政治理论课程。这种认识偏差在一些教师中存在，而通过高校党委的精神学习，这种偏差逐渐得到纠正。

在推广课程思政建设、进一步深化课程思政教育时，需要提前消除这种认识偏差，确立课程思政建设与思政课程建设的协同育人定位。课程思政的核心是教育理念，强调将思政元素融入各学科课程中，实现全员育人的目标。而思政课程则是一门专门的理论课程，旨在传授和深化学生对思想政治理论的认识。通过清晰界定课程思政与思政课程的区别，可以更好地推进课程思政建设，实现协同育人的目标。

（二）资金、技术、人员等方面的保障不到位

资金、技术和人员的缺乏直接或间接地导致科研项目开展缓慢和系统平台开发跟不上需求。

1. 各地区科研资金支持力度存在较大差异

在推动高校课程思政建设中，科研作为重要渠道之一，对丰富高校课程思政建设的相关理论，打造高校课程思政建设科研体系起着重要作用。然而，由于我国经济发展在地区层面存在异质性，各地对课程思政建设的资金支持力度是基于地方财政支撑能力制订的。这导致经济发达地区的政府对高校课程思政建设提供相对充足的资金支持，而经济欠发达地区的政府的支持力度相对较弱。

此外，从国家层面的资金支持看，由于我国地方高校排名存在显著的政治属性，部分由中央政府相关部门管理的高校在资金支持上处于优势地位，而地方性普通高校则面临资金支持劣势的问题。这种差距进一步加剧了高校之间在课程思政建设资金方面的不平等情况。

为解决资金、技术和人员等方面的保障不到位问题，需要加强各级政府对高校课程思政建设的资金支持力度，尤其是在经济欠发达地区。政府可以通过增加财政拨款、设立专项经费等方式，确保高校课程思政建设所需的资金得到充分保障。

2. 系统平台开发很难及时满足线上教学需求

随着信息化技术的快速发展，高校在线上教学或课堂教学系统的使用和研发上存在显著差异。由于技术的更新、软件的迭代以及教师的培训等方面需要较大的人力、物力投入，因此，相关系统平台的开发往往难以及时满足课堂教学或线上教学的需求。

在系统平台开发过程中，项目立项、项目开发、项目管理、项目资金使用等环节需要经历相对较长的周期。这涉及大量的管理协调和技术调试工作，直接影响着系统平台开发的进度。对高校课程思政建设而言，同样存在这些问题。如果希望打造一套适用于全校或全地区高校课程思政建设的规范统一系统平台，也会面临同样的挑战。

为解决系统平台开发滞后的问题，建议相关部门从机制层面优化，尤其注重优化开发过程。简化流程、弱化审批、增强数据贯通性是其中重要的方向。简化流程可以减少冗杂的审批环节，提高项目开发的效率；弱化审批意味着在合理的前提下减少不必要的审查程序，以便更快地推进系统平台的开发工作；增强数据贯通性可以促进不同部门、不同层级间的信息共享，避免信息孤岛和重复开发，从而提高开发效率和质量。

（三）高校课程思政建设评价体系不完善

高校评价指标多涉及高校的科研水平、学科发展、社会责任感等方面，但对德育层面的评价、评级确实存在一定的缺口，针对高校课程思政建设而言，在评价机制方面同样存在待完善的地方，一是学院课程思政建设评价体制不完善，二是教师课程思政建设教学评价体制不完善。

1. 高校课程思政建设评价机制不完善

作为课程思政建设的主阵地，高校在推动课程思政建设方面承担着重要的角色，也是培养人才的关键任务之一。然而，在教育主管部门对高校课程思政建设的考核和评价方面存在一些问题，评价体系不够完善。

首先，由于各学院专业和学科特点的差异以及学生在不同成长阶段的接受能力不同，制订合理的评价标准和参考指标成为一个难题。课程思政建设需要兼顾思想政治教育的内涵和各专业知识的传授，因而评价体系应能够综合考量学生的思想品德、学业水平和创新能力等方面。然而，当前的评价标准和指标往往过于单一或片面，无法全面反映学生在思政教育中的综合发展和成长情况。

其次，高校课程思政建设负责人制订的激励措施不够到位，缺乏有效的激励机制。课程思政建设需要各学院、教师和学生的积极参与和贡献，而激励措施的存在可以更好地调动各方的积极性和创造力。然而，目前高校对课程思政建设的激励措施往往较为模糊或不够具体，缺乏有效的奖惩机制和个人荣誉体系，无法形成有效的激励导向。这使得一些教师和学生在课程思政建设中缺乏动力和参与度，影响了整体的推进效果。

为解决高校课程思政建设评价体系不完善的问题，有必要进一步完善和优化评价机制。高校应该充分考虑学院专业和学科特点、学生成长阶段等因素，制订灵活、全面的评价标准和参考指标。这可以通过广泛调研、专家论证和经验总结等方式开展，确保评价体系的科学性和合理性。

2. 教师课程思政建设教学评价机制不完善

教师在课程思政建设中发挥着重要作用，其参与程度和教学效果直接影响着课程思政的实施效果和学生的思想政治教育成效。因此，建立完善的教师课程思政建设教学评价机制是推动高校课程思政建设的关键。

当前的教师课程思政建设教学评价体系存在一些问题。首先，评价指标不够全面和科学。目前的评价指标往往过于片面，主要关注教师是否在课堂上开展课程思政环节，但忽视了课程思政教育的全过程和多个方面的要素。教师的参与不仅仅体现在课堂上，还包括教学设计、教学方法、教学资源的选择等方面。因此，评价指标应该更加全面，包括教学内容的思政性、教学方法的创新性、学生参与度的提高等多个方面。

其次，评价体系缺乏科学的评价方法和数据支撑。目前，教师的课程思政建设教学评价往往依靠主观评价和定性分析，缺乏科学的定量数据支持。这使得评价结果容易受到个人主观因素的影响，缺乏客观性和公正性。因此，应该探索科学的评价方法，如教学观察、学生评价、课堂记录等，收集更多的数据支撑评价结果，使评价更加客观准确。

最后，教师课程思政建设教学评价缺乏具体的激励措施和奖惩机制。评价结果应能对教师的教学工作产生实质性的影响，激励教师积极参与课程思政建设。然而，目前缺乏明确的激励措施和奖惩机制，导致教师对课程思政建设教学的参与度和质量参差不齐。因此，应该建立健全的激励机制，通过奖励优秀教师和提供专业发展机会，激发教师的积极性和创造力。

（四）外部社会环境的不利影响

外部社会环境对高校课程思政建设同样存在一定影响，主要体现在市场化体制改革下强化经济基础优先的思维、信息化发展加速多元文化的冲击两个方面。

1. 过度追求经济发展的影响

在当前经济快速发展的背景下，一些大学生的价值观和世界观受到一定程度的影响，他们更加注重个人利益，而忽视了整体维度的价值观。这种现象在一定程度上影响了大学生对社会责任和国家发展目标的认知和关注，导致一些学生追求个人经济利益最大化，而忽视了社会主义核心价值观。

经济利益追求并不与树立正确的价值观相矛盾，然而，问题在于过度追求个人经济利益最大化的行为容易形成示范效应，导致学生忽视了自己作为社会主义建设接班人应承担的时代使命和历史责任。一些教师反映，在当前社会环境下，个人经济利益最大化的追求已经渗透到高校校园中。一些学生为了实现个人短期内的经济诉求，不惜占用学习时间开设网络直播，甚至出现低俗、媚俗的直播现象。另外，一些学生过分追求经济利益，倾向于享乐主义和拜金主义，导致学习动力下降、沉迷游戏等不良行为的出现。这些现象最终引发更多社会问题和道德问题。

这种外部社会环境对高校课程思政建设产生了不利影响。一方面，学生在课程思政建设过程中对思政内容产生强烈的抵触情绪。他们认为这些内容与个人经济利益追求无关，难以产生直接的实际效益，因而对这些内容抱有怀疑和抵触的态度。另一方面，这种追求个人利益的环境也使得一些学生对课程思政建设的参与程度降低，甚至对其产生漠视和忽视的态度。在这种情况下，课程思政建设的效果无法得到有效发挥，无法达到培养德育人、培养社会主义建设者和接班人的目标。

2. 多元文化产生的冲击效应

多元文化是指各种文化价值观念、观念体系和生活方式的多样性，其冲击效应主要体现在两个方面。

（1）多元文化的冲击使大学生面临多元的价值选择

多元文化的冲击使得大学生面临多元的价值选择，这在思政教育中引发了一系列困惑和价值观念的混乱。

首先，多元文化的影响使得大学生面临着来自不同文化的观念和价值观的碰撞和交融。在现代社会，不同文化的交流和融合日益频繁，大学生在接触到各种不同文化的同时，也会面临着对这些文化的理解和选择。例如，面临着传统文化与现代文化、国内文化与国际文化之间的多元选择，对思政教育中提出的正确的道德观念和行为规范产生困惑。他们需要在众多文化中自我定位和选择，以形成自己独立而有价值的人生观和世界观。

其次，多元文化的冲击导致大学生的认同危机和价值观念的混乱。多元文化的存在使得大学生面临着不同文化观念的竞争和冲突，在这个多元的文化环境中往往会感到自己的认同感受到挑战。他们需要在不同文化观念之间选择和权衡，以确定自己的认同和价值取向。这种认同危机和价值观念的混乱会对大学生的思想和道德发展产生负面影响，使其难以建立起稳定和坚定的道德品格。

最后，多元文化的冲击还可能导致大学生在思政教育中出现一种碎片化的状态。由于多元文化的影响，大学生接触到的文化观念变得更加碎片化，可能通过各种渠道获取到不同文化的片段信息，但缺乏系统性和连贯性的思考和理解。这种碎片化的文化观念使得大学生的思想容易受到表面化、浅薄化的影响，难以形成深入和全面的思考和判断能力，可能更容易受到个人情绪和主观偏见的影响，而缺乏对正确道德品德的全面认识。多元文化的冲击使得大学生面临着多元的价值选择，这在思政教育中引发了一系列困惑和价值观念的混乱。

（2）多元文化的冲击使大学生的思维方式和行为习惯发生改变

多元文化主张个体权利和多样性，注重个人自由和追求个人利益最大化。这种文化观念使得一些大学生更加关注自身的利益和个人需求的满足，可能更加注重个人成就和个体价值的实现，而忽视了集体意识和社会责任感，忽略了社会公益事业的参与和社会责任的担当。

多元文化的冲击使得大学生的思维方式发生了转变。传统上，大学生在接受教育和塑造思维模式时常受到单一文化的影响，有着相对固定的思维框架和行为模式。然而，随着多元文化的浸润，大学生开始接触到更广泛、更多样的文化观念和价值取向，他们开始意识到不同文化背景下的多元选择和观点存在。这种多元文化的冲击激发了大学生的思维活力和创造力，使他们更加开放和包容，更愿意接受新的观念和思维方式。

然而，多元文化的冲击也带来了一些负面影响。大学生在接触到众多文化观念时，可能出现思维模糊、观点混乱的情况，面临着各种不同的道德观念和行为规范，难以确定自己的价值取向和行为准则。此外，由于多元文化的碰撞，大学生的思维方式可能变得更为主观和个体化，更加偏向个人利益的追求，而忽视了社会集体的利益和共同价值。

多元文化的冲击也使得大学生的行为习惯发生了改变。在传统文化中，个人往往被社会集体和群体责任约束，注重集体利益和社会责任的履行。然而，在多元文化的影响下，大学生更加强调个体权利和自由，更加注重个人需求和个人利益的追求。

这种转变带来了一些问题。首先，大学生可能过度追求个人利益最大化，忽视了社会责任和集体利益。他们可能更加注重自身的成就和个体价值的实现，而忽略了社会公益事业的参与和社会责任的担当。这种个人主义倾向可能导致社会关系的疏远和社会道德的弱化。

其次，多元文化的冲击还可能导致大学生行为习惯的多样化和个体化。由于多元文化的存在，大学生面临着更多的选择和可能性，更加倾向于根据自己的偏好和个人利益选择行为方式和生活方式。这种个体化的行为习惯使得大学生更加关注个人需求的满足和个人意义的追求，给传统的行为规范和道德准带来了挑战。

然而，多元文化给大学生行为习惯的改变也带来了一些问题和挑战。首先，个体化的行为习惯可能导致社会的分化和个体主义的加剧。大学生更加注重个人的自由和权利，可能更倾向于追求自身利益而忽视他人的需求和社会的整体利益。这种行为习惯可能会削弱社会凝聚力和合作精神，对社会秩序和公共利益产生负面影响。

最后，多元文化的冲击也可能导致大学生的行为习惯缺乏稳定性和连贯性。由于多元文化的影响，大学生接触到各种不同的行为方式和生活方式，他们可能在不同的文化环境中表现出不同的行为习惯，缺乏统一和一致性，难以形成稳定的道德品格和行为准则。

二、新时代高校课程思政在育人上存在问题的原因

（一）教师对思政课程与课程思政的逻辑关联缺乏必要认知

要完成课程思政育人的工作，首先必须理清思政课程与课程思政的逻辑关联。近年来，不少高校都存在这样一种错误倾向，将专业知识传授和价值观教育分离，即认为高校应该专注于专业知识，价值观教育和思想政治教育可有可无。教师对思想政治教育的认识存在偏差，认为学生的思想政治教育是思想政治理论课和相关职能部门的任务，与专业课无关，甚至认为专业知识是一个独立体系，具有规范性、严谨性，如果额外加入思政教育的内容，就是对教育教学的干扰。这些认知偏失导致一些高校存在重智育轻德育和重专业教育轻思想政治教育的现象，甚至违反教育部的政策，缩减思想政治课学时，思想政治理论课教师靠边，思想政治教育达不到预期效果。而事实上，任何课程与思想政治教育课在承担育人责任方面没有所谓的"分工"，他们之间不仅有着密切的逻辑关系，而且需要共同努力以达到育人的目的。

（二）专业教师对课程思政的元素挖掘不够深入

思想政治教育元素的挖掘在实现课程思政育人这一目标中占据重要位置，决定着实施课程思政目标是否准确、有效。而在课程思政实践中，通常只有思想政治理论课教师足够熟悉相关理论，且拥有较为丰富的教育资源，其余课程的教师对学科中思想政治教育元素的挖掘仅浮于表面，对思想政治教育了解不够、认识不足，仅凭自己的感觉，将思想政治教育功能窄化，自认为完成了课程思政的落地实施。

而实际上，经典的引用是为课程思政的本质需要而服务的，教学资源要紧紧围绕课程内容体系，教师要深入理解思政元素的内涵与背景，找到并深入挖掘与课程内容契合点，而"张冠李戴"根本达不到预期效果，只是徒劳。

除此之外，教师在教学过程中，没有突出各专业学科优势，价值目标缺乏定位，挖掘

内容不够准确，不懂哪些内容背后蕴含思政元素，将所有课程放在同一纬度，丧失了学科原有的属性和特征。

（三）课程思政的教学方法改革不够关注学生的个体性

一些教师简单地把课程内容理解为学科知识，把学生当作灌输知识的容器，忽视了学生主体性的存在，这样的课程价值取向导致课程目标与学习要求的分离，淡化了课程育人的功能。而我们在开展推进课程思政的过程中，教师必须尊重学生的个性、了解学生的思想实际、贴合学生的生活困惑，开展富有针对性的教学，不能一味追求结果而忽略过程，强调尊重学生个体性，保持思政热力，达成教学方法改革的共识。

然而这一共识的实施情况并不好。其原因有两点：一是有的教师担心直面学生问题授课，不仅要考虑不同类型的教学内容，更要考虑不同学生的特点，耗时耗力，得不偿失；二是有的教师被条条框框所禁锢，对课程思政的开展，仅仅是照搬其他教学方法与案例，在教学实践中投入的精力较少，忽视学生情感体验和能力培养，不关注学生个体，导致教学达不到预期效果。

（四）思政课程与课程思政协同育人制度机制不够完善

高校课程思政育人需从立德树人的根本使命出发，却并非通过课程调整就能实现，而是需要制度机制的助推和保障。当前部分高校课程思政工作的实际情况，存在边际不清的局面及互相推诿的现象，归根结底在于相关制度不完善、保障机制不健全，一定程度上阻碍了课程思政育人的推进与落实。

1. 教师课程思政育人的培育机制不够完善

在开展课程思政时，教师应根据学科方向与学生特点给予有针对性的价值引领，实现由"学科本位"向"素养本位"转化，实现由"教教材"向"育人"转化。这一能力需要参加系统培训获得。但在实际情况中，在入职时参与课程思政培训的教师少之又少，不了解课程思政内涵这一现象并非仅出现在新教师身上，专业负责人、系主任、骨干教师等也鲜有参加过系统培训。在教师发展的过程中，只要求教师遵守职业道德规范、提升授课能力，忽略了教师开展思想政治教育的意识和课程思政能力的培养，教师对课程思政的把握不够，在课程思政推行中的教学计划设计、内容把握、元素融合、"一二三课程"互连无法落实，造成阻碍课程思政育人的局面。

2. 高校课程思政育人的保障机制不健全

当前学校内形成了"学术科研"与"学生工作"两部分内容的分割，而思想政治教育被划分到学生工作的领域中，除党团委办公室、学工部以外，其他部门从不参与。高校课程思政育人并没有较为完善的制度匹配，众多高校只是发布教师学习教育部颁发的课程思政文件的通知，并未将落实课程思政这一目标要求具体到课程建设、教学评价和教师职称晋升体系中，没有触动到改革的深水区，导致教师内在动力不足，积极性不高，大大影响课程思政育人后期的落实和完善。

3.高校激励机制不健全

高校教师尤其是青年教师面对着多重压力，导致其将工作重心放在自身专业化发展。课程思政建设并未成为教师自身发展的原动力。轻教学重科研的情况普遍存在，这与高校物质激励和精神激励等相关机制的不健全有直接关系。

由此可见，课程思政育人需要继续提升物质激励，在教师的职务、职称中加入相关激励措施，表彰课程思政建设中取得成果的典型，鼓励主动参与课程思政改革的教师，让教师有信心、有意愿开展课程思政。

第三节　高校课程思政建设的成果与启示

一、"课程思政"建设的主要成效

"课程思政"建设是从多方面展开的，在各个方面都有了一定发展。本节将从教师"课程思政"意识初步形成、各学科专业课程全面铺开以及"课程思政"教学方法探索日益丰富这三个维度展开。

（一）教师"课程思政"意识初步形成

从心理学的角度讲，能力是个人完成活动的心理特征，它以活动为载体，并通过活动表现。因此，一位教师的教学能力，与其教学发展过程中的具体表现息息相关。经过"课程思政"的建设，高校专业课教师在实施中整体素养都有所提高，主要表现在三个方面。

1."课程思政"内容拓展能力的提高

教师的"课程思政"意识初步形成，开始意识到在传授专业知识的同时，还需要关注学生的精神需求和思想政治教育的重要性。这种意识的转变是推动"课程思政"建设的关键。

在"课程思政"建设过程中，教师的角色发生了变化，他们不仅要掌握扎实的专业知识，还需要具备将思想政治教育内容融入专业课程的能力。这意味着教师需要具备拓展教学内容的能力，将思政元素与专业知识相结合，创造出更具有思想性和实践性的教学内容。

目前，部分教师已经能够在专业课程中积极主动地挖掘和利用与思想政治教育相关的内容，也能够意识到专业知识背后蕴含的思政元素，并将其有机地融入教学中。举例来说，在《社会调查研究与方法》这门课程中，教师从课程一开始就注重与现实生活的联系，紧密结合国家政策文件、社会发展主线和时事热点，通过严格筛选选题内容，引导学生思考与思政教育相关的问题。这些做法需要教师具备扎实的专业知识和内容拓展能力，并通过引导学生深入思考，以达到教学目的。

这些努力使得学生对专业课程中的思政教育内容有了更深入的了解，并提供了宝贵的经验和启示。例如，在关注社会治理层面扎根乡村或因奥运精神而备受鼓舞的"情系冬奥"

等实践活动中，浙江财经大学东方学院的学生们获得了深刻的印象和宝贵的经验积累。

2."课程思政"的课堂教学能力的提高

教师的"课程思政"意识初步形成，在教学过程中的思政能力也得到了提高。

（1）联合备课和研讨

一些高校通过线上虚拟教研室等方式，组织教师开展集体备课和研讨，围绕将建党精神融入思政课教学的主题展开讨论。例如，中国农业大学与人民网全国高校"数字马院"联盟合作，在集体备课中共同探讨如何将建党精神融入思政课教学中，以提高教师的思政能力。

（2）融入红色资源

一些高校利用本地的红色资源，将红岩精神等革命历史元素纳入思政课教学体系中，打造具有思政特色的优秀课程。重庆大学就依托重庆的红色资源，将红岩精神融入思政课教学，致力于打造思政"金课"，提升教师的思政教学能力。

（3）课程思政示范课和奖项

一些教师在"课程思政"建设中获得了课程思政示范课的认可和奖项。例如，南京审计大学公共管理学院金晶教授的《城市管理学》课程是该校"课程思政"立项项目的一部分，该课程获得南京审计大学"课程思政示范课"一等奖和"教学大纲课程思政改造成果评比"一等奖。这些奖项的获得表明教师在课程设计和教学实践中注重思政元素的融入，提高了课堂教学的思政能力。

（4）微课的创作和奖项

一些教师通过创作与思政相关的微课，将思政教育内容以简洁、生动的方式呈现给学生。例如，某教师创作的微课《什么是城市》获得了江苏省微课大赛二等奖，并被收录在"新华思政"中，进一步展示了教师在思政课教学中的创新能力。

以上成效表明，教师在"课程思政"建设中逐渐形成了思政教育的意识，并将其融入课堂教学中。他们通过联合备课和研讨，借助红色资源，设计和实施具有思政特色的课程，以及创作微课等方式，提高自身的思政教学能力。这些努力为学生提供了更加综合、丰富且有思想性的教学内容，有助于培养学生的思想道德素质。

值得注意的是，虽然教师在"课程思政"方面取得了初步成效，但仍有进一步提升的空间。未来发展应注重教师的专业素养和综合能力的提升，进一步加强教师对思政教育理论和实践的研究，不断创新教学方法和手段，以更好地引导学生开展思想政治教育。此外，高校应该提供良好的支持和培训机制，鼓励教师在课堂教学中更加有效地融入思政要素，为学生的思想道德发展提供坚实的基础。

总而言之，"课程思政"建设已经在教师的课堂教学能力方面取得了一定成效。这为高校的思政教育提供了有力支撑，有助于培养具有良好思想道德素质的学生，为他们的综合发展和成长奠定坚实的基础。

3."课程思政"师生互动能力的提高

教师初步形成"课程思政"意识后，开始更加注重与学生的互动，以促进学生的思想成长和道德素养的培养。

首先，教师在课堂教学中积极引导学生参与互动。他们鼓励学生表达自己的观点和看法，开展小组讨论、案例分析和问题解决等活动，让学生在思考和交流中深化对思政教育的理解。通过与学生的互动，教师能够了解学生的需求和思想状况，针对性地开展指导和引导，帮助他们形成正确的政治思想和道德观念。

其次，教师通过与学生的日常互动建立起良好的师生关系。他们关心学生的学习情况和生活状态，耐心倾听他们的困惑和问题，提供积极的指导和支持。教师在与学生的交流中注重尊重和平等，鼓励学生表达自己的意见和建议，形成开放包容的学习氛围。通过这种师生互动，教师能够更好地了解学生的个性特点和成长需求，有针对性地开展思政教育，激发学生的学习兴趣和参与热情。

最后，教师还可以利用现代科技手段促进师生互动。他们利用在线平台和社交媒体开展课后讨论和交流、在线问答和答疑，为学生提供更加便捷和多样化的学习方式。通过与学生在虚拟空间中的互动，教师能够更好地跟进学生的学习进展和思想动态，及时提供指导和反馈。

（二）各学科专业课程思政全面铺开

在高校的"课程思政"建设中，各学科专业课程思政全面铺开，这为思想政治教育在学科教学中的实践提供了重要的平台和载体。

首先，针对不同学科的特点和需求，各高校积极开展专业课程思政实践案例的研究与探索。学者们将相同学科或专业的案例组成合辑，深入研究和实践在专业课程中融入思政元素的方法和策略。通过多个角度和层面的思政实践，不仅加深了对专业课程的理解和应用，还为立德树人的根本任务提供了具体而有效的途径。

其次，高校在各学科专业中发布了大量的"课程思政"实践案例成果。这些案例涵盖文、经、教、理、农、医、艺等七大类专业，从不同领域的学科中挖掘和探索思政教育的内容和方法。这些案例的著作出版时间多集中在2021年，这也反映了专业"课程思政"深入发展和探索的步伐加快。

举例来说，在北京联合大学于2018年展开的关于专业课的论文集编著中，专家们深入实践专业"课程思政"，通过论文研究的形式分享了他们在思政教育方面的经验和成果。同样，华东师范大学外语学院严文庆副教授在2021年出版的《大学英语课程思政教学指南》一书中，详细介绍了在"课程思政"引领下的大学英语教学体系综合改革成果，为高校大学英语的"课程思政"实践提供了宝贵的借鉴意义。

通过这些研究成果和实践案例，专业课实施"课程思政"得以深入发展，挖掘了更多的教育价值。专业课程中的"课程思政"不再是简单的灌输理论知识，而是将思想政治教育与学科知识融合，使学生在专业学习过程中也能够培养正确的世界观、人生观和价值观。这一发展不仅为学生的思想成长提供了有力支持，也为高校思想政治教育的有效实施提供了新的路径。

专业课程中全面铺开"课程思政"的成效不仅体现在研究成果和案例的涌现上，还体现在实际教学中的具体实践。通过将思政元素融入专业课程的教学内容和教学方法中，教师能够在传授专业知识的同时，引导学生形成正确的世界观和价值观。

这种全面铺开的"课程思政"实践不仅有助于提高学生的思想素养和综合素质，也促进了学科知识的更深层次理解和应用。学生通过与思政元素的接触和思考，能够更好地认识到学科知识的社会背景和现实意义，增强对学科发展的责任感和使命感。

通过专业课程的实际教学实践，将思政教育与学科知识相结合，既有助于学生的思想成长和人格塑造，也提升了学科教学的质量和影响力。这种全面铺开的"课程思政"实践为高校立德树人的目标奠定了坚实的基础。

（三）"课程思政"教学方法探索日益丰富

给课程铸魂即遵循人才成长和思政教育规律，挖掘出课程中的思政教育元素，实现立德树人，这是"课程思政"最基本的要求。梳理各高校积极开展的如何将思政元素融入专业课堂中的教学实践，大致有五种"课程思政"教学主要运用模式。主要的教学方法为讲授教学和案例教学，其次，混合式教学、互动式教学、实践教学也开始结合到课堂教学中，教学方法与信息技术的融合使用变得更广泛。

1."案例＋互动"教学的课程设计

案例教学法通过选取案例作为教学材料，引导学生独立思考，达到教学目的。它以课程目标为导向，根据选定的案例材料，引导学生开展案例分析、研究和判断，从而提高学生的学习能力。

以 GX 财经学院宏观经济学课程的《GDP 是万能的吗》为例，他们采用了"案例教学＋互动教学"的教学设计，将思政元素融入课堂教学。这一课程的设计涵盖了思政元素融入内容、教学目标、案例要点、教学组织形式和总结等五个方面。通过这样的设计和实施，达成课堂目标。课程从马克思主义基本原理出发，通过案例讲解，帮助学生理解和掌握国内生产总值的概念、常用方法以及其局限性。学生在能力层面上能够从马克思主义原理方法论的角度思考问题，形成系统思维能力和判断实践能力。通过与教师和同学的积极互动，学生能够将思政元素与西方经济学相关理论结合，分析经济发展的趋势和前景，培养关注时事政治、宏观经济形势、热点问题和经济政策的学习习惯（见表 3-1 ）。

表 3-1　《GDP 是万能的吗》思政元素融入情况表

	主题	内容
思政元素	辩证唯物主义认识论原理	GDP 的概念也是人们从感性认识上升到理性认识的结果，我们不能盲从，片面夸大GDP 的作用和意义
	科学发展观的基本要求	要从科学的角度认识 GDP 的增长，它只是一个数字
	建设社会主义生态文明	GDP 的增长无法衡量环境污染和生态破坏的经济损失，治理环境污染、恢复自然生态可能还要付出比 GDP 增加的几倍代价

2. "互动＋情景"教学的课程设计

互动式教学是一种通过多方参与讨论和研究的教学模式，创造轻松的环境，使教学对象在交流中碰撞思想，激发思维能力，调动学生的积极性和创造性。

以 SX 文理学院艺术学院的《声乐》专业课程为例，他们在课程中融入了思政元素，设计了"课程思政"案例。该案例以歌曲《爱的长城》为例，采用"课堂互动＋情景教学"的教学模式，从教学目标、重难点、教学内容、教学成果与反思等五个方面入手。通过这样的设计，希望学生能够了解歌曲的创作背景，掌握歌曲的基本演唱方法，并能够完整地演唱；同时，通过情景再现的方式，在演唱过程中把握情感，突出歌曲体现的奉献观、敬业观和爱国观。

（1）教学目标

明确学生应该达到的教学目标，包括了解歌曲创作背景、掌握基本演唱方法和理解歌曲体现的思政元素。

（2）重难点

确定学生可能遇到的重要或困难的知识点和技能，如理解歌曲背景、准确表达情感。

（3）教学内容

选择适当的歌曲《爱的长城》，介绍其创作背景，演示基本演唱方法，引导学生通过情景再现的方式表达情感并与实际情况联系。

（4）教学成果与反思

通过学生的实际演唱和情景再现，评估学生的学习成果，引导他们反思学习过程，深化对思政元素的理解和体验。

通过以上的教学设计和互动实践，学生不仅能够掌握声乐演唱的基本技巧，还能够通过情景再现的方式将情感与实际情况联系，突出歌曲体现的奉献观、敬业观和爱国观。通过互动式教学，学生可以在轻松的氛围中讨论和交流，相互启发和激发，提高思维能力和创造性（见表 3-2）。

表 3-2　《爱的长城》思政元素融入情况表

	主题	内容
思政元素	爱国观	在职业生涯中要忠诚党的教育事业，为教育发展、国家繁荣和民族振兴努力奋斗
	奉献观	要跳出从自身、小群体角度思考问题的传统方式，学会站到公众角度，思考公共利益的实现
	敬业观	意识到未来音乐教师职业的神圣与崇高，树立正确的职业观，逐渐形成敬业意识

3. "讲授＋互动"教学的课程设计

讲授法是教师通过口头语言向学生传授知识和理论，而互动教学法则注重学生的参与和思维碰撞。两种方法相结合，能够提高教学效果和学生的学习积极性。

CC 中医药大学在中医基础理论的"课程思政"教学设计中，采用了"讲授法＋互动教学法"的方式。在课程讲授过程中，教师将中国传统文化引入课堂，以帮助学生更好地理解中医基础理论中的整体性、恒动性和系统性的作用。根据学生的认知特点、起点水平和情感态度，教师采取积极的互动策略。

首先，对学习态度消极的学生，教师采取经常提问同一人的方式，激发其主动参与学习的状态，从而间接影响同一群体，促使他们改变学习态度。

其次，对思维滞涩的学生，教师帮助他们寻找适当的学习方法，使他们能够融入活跃的讨论群体中，激发其学习潜力和闪光点。

最后，对学习态度认真、思维活跃且成绩优异的学生，教师不断提供挑战和机会，让他们在中医思维的碰撞中发挥引领作用，从而推动整个学习氛围的进步。

通过以学生为中心制订课程呈现方式，CC 中医药大学的"课程思政"教学设计确保学生在学习过程中不仅能够掌握中医基础理论，还能够发展中医思维。在对专业知识充满敬畏的同时，学生们也变得更加自信，为未来的学习和发展奠定坚实基础（见表 3-3）。

表 3-3　《中医基础理论》思政元素融入情况表

	主题	内容
思政元素	中国传统文化	中医学的形成是以中国传统文化为背景，其科学性是以古代哲学为支撑
	致中和	凡是讲究和谐，在自然中强调"天人合一"，在社会关系强调"人伦和谐"
	整体性、恒动性、系统性	综合所学知识，要注重中医学本身具有的整体性、恒动性以及系统性等特点

4."实践＋情景"教学的课程设计

在"课程思政"建设中，"实践＋情景"教学方法得到日益丰富的探索，通过实践教学法结合情境教学法，学生能够在参与实践活动的过程中提高思想觉悟水平和认识能力。这种教学方法尤其适用于户外体育课和人文课，能够让学生通过亲身参与的形式深刻感悟课程内容，并理解其中传达的意义。

CZ 工学院在《大学人文基础》课的"课程思政"设计中，采用了"实践＋情景教学"的形式。通过戏剧、配音等主题活动方式，生动演绎出哲学、历史、文学等经典著作中的内容，展现学生校园精神生活，加强校园文化建设，营造文化艺术氛围。这样的设计有助于培养学生的文化素养和人文情怀，提升他们的综合素质。

通过"实践＋情景"教学方法，学生能够亲身参与活动，实际体验课程情感，使其更加深入地理解课程传达的价值观和思想意义。学生们通过戏剧演出、配音表演等方式，不仅能够具体呈现出经典著作中的内容，还能够展示校园文化和精神面貌。这种形式的教学设计不仅有利于学生的全面发展和自身素质的提升，也充分展示了学生人文素养教育和"课程思政"教育的成果。

通过"实践＋情景"教学方法的课程设计，能够激发学生的参与热情，促进对课程内容的深入理解和情感体验。这种教学方式既强调了实践教育的重要性，又注重通过情景再现的方式将课程融入学生的生活场景中。通过这样的教学方法，学生能够在实践中提升自身素养，培养综合能力，展现出对人文基础的深刻理解与体悟，从而推动"课程思政"建设的主要成效的实现（见表3-4）。

表3-4　《大学人文基础》思政元素融入情况表

	主题	内容
思政元素	思维能力	以收集资源的方式锻炼学生的信息搜索能力、思维能力
	实践能力	不同方式的表演和演绎，锻炼学生的实践能力
	综合素养	随着整个实践活动的完成，切身感受文学素养和人文情怀

5.混合式教学的课程设计

混合式教学法将线上教学和线下教学相结合，充分利用信息技术，以提升课堂效果和学生学习成果。

以 SX 文理学院的《行政处罚——行政处罚的适用》课程为例，他们采用了混合式教学的方式开展课程设计，围绕教学目标、教学难点、教学方式、预期学习成果、教学内容和教学反思等六个方面详细设计。在线上环节，通过慕课和微视频等方式开展课程讲解，提供相关概念和制度体系的解释和讲解。而在线下环节，主要以判例研读和学生学习报告、会议等形式检验成果。

通过混合式教学的方式，学生能够在线上获得课程的基础知识和概念讲解，也可以通过线下的互动与实践活动加深对课程内容的理解和应用。线上教学的灵活性和便利性能够提供更多的学习资源和互动平台，而线下教学则提供了与教师和同学们直接互动的机会，有助于学生深入思考和讨论。

通过混合式教学，学生不仅能够掌握行政处罚适用的相关概念和制度体系，还能通过与教师和同学的互动，明白守法的重要性，且能够应用所学知识解决实际问题。

通过线上线下相结合的方式，学生能够在更丰富的学习环境中获得知识和经验，提升思维能力和实践能力。这种教学方法的探索使得"课程思政"教育更加灵活多样，适应了现代教育的需求，为学生的思想觉悟和素质培养提供了有力支持（见表3-5）。

表3-5　《行政处罚——行政处罚的适用》思政元素融入情况表

	主题	内容
思政元素	守法	让学生在探索中学习违法的相关问题，明白守法的重要性
	实践能力	以线下交流互动的形式，让学生能够在实践中提高运用能力

总之，在课堂教学中发现，教师融合使用多种教学方法，将思政元素潜移默化地加入其中，进而激发学生课堂学习的积极性，在课堂上接收和学习有关于思想政治教育的内容。这样的融合教学，更有利于促进大学生全面发展。

二、"课程思政"建设的基本经验剖析

经过"课程思政"的不断研究和发展，不仅在理论层面取得了一定成果，在实践方面也同样取得了进展。通过展开分析和研究高校"课程思政"在建设过程中的教学案例，总结出在"课程思政"建设过程中要遵循教学原则、注重策略应用、强化对教师要求等基本经验。

（一）"课程思政"建设应遵循的基本教学原则

在遵循教学原则的经验总结上，"课程思政"建设坚持和把握教学最优化原则和教学整体性原则以及坚持显性教育与隐性教育相结合原则。

1.最优化原则

在高校的"课程思政"建设中，最优化原则发挥了重要作用，确保了教学任务的整体进度和"课程思政"的有效实施。

初步的"课程思政"建设采取了试点课程的形式，选取了一部分示范课程作为先导，率先开展"课程思政"的探索。这种方式既保证了整体教学任务的顺利进行，又实现了"课程思政"建设的最优化。在试点示范课程的开展中，"课程思政"以尊重原有教学体系为基础，寻求与专业课程教学相融合的教学观点，将思想政治教育的理念贯穿于教学的全过程。

从最初的单一课程到逐渐形成多门专业课程的"课程思政"群体实施，已经在最优化教学方法的指导下，构建了全面立体的"课程思政"体系。这种体系能够与思想政治教育的理论课协同发展，发挥全面思政教育的作用。

通过遵循最优化原则，"课程思政"建设在实践中逐渐形成了一套行之有效的经验做法。通过选取示范课程开展试点探索，保证了教学任务的正常推进；通过与专业课程相融合，将思想政治教育贯穿于教学全过程；通过逐步构建立体的"课程思政"体系，实现了全面思政教育的目标。

2.整体性原则

在实施"课程思政"建设时，保持原有教学体系的完整性是一个重要前提，同时将专业课学科的特点与思想政治教育相结合。

在教学中，需要确保专业课知识的学习进度，同时在思政元素的融入中引导学生，激励他们努力学习。这就意味着在保持教学体系的完整性的基础上，将思政元素与课堂教学融合，从而实现课程、专业和学科之间的协同育人，统一知识、能力和价值观，推动"课程思政"建设的发展。

通过整体性原则，"课程思政"建设能够有效地促进学生全面发展。它不仅关注学生的专业知识学习，还注重培养学生的思想品德和价值观念。将思政元素有机地融入教学过程中，能够激发学生的学习热情和自主性，引导他们形成正确的世界观、人生观和价值观，从而塑造他们健康成长的综合素质。

通过将专业课学科与思想政治教育相结合，保持教学体系的完整性，实现课程、专业

和学科之间的协同育人，"课程思政"能够为学生的综合发展提供有效支持，促进他们成为具有良好思想道德素养和专业能力的栋梁之材。

3.显性教育与隐性教育相结合的原则

在思想政治教育过程中，显性教育指的是思政课程、思政教师和辅导员对学生的德育开展明确的正面教育；而隐性教育则是指在专业课程教育和综合素质课程教育中，潜移默化地开展德育教育。

显性教育具有明确的特点和优势，能够针对学生的德育需求开展有针对性的教育。然而，单纯依靠显性教育还不足以实现全面的思想政治教育目标。为了有效实施"课程思政"，我们需要在建设过程中完善课程体系，打通各类课程之间的价值壁垒，实现显性教育和隐性教育的相互配合。

在实践中，我们应根据具体的课程内容和实际情况展开探索。除了注重思政课程的显性教育，还需要将隐性教育贯彻得更加深入。这意味着我们要发挥其他课程中潜藏的德育教育作用，将德育元素贯穿到整个课程体系中。

通过显性教育和隐性教育的相结合，我们能够更全面地实施"课程思政"，促进学生的思想品德和道德素养的全面发展。显性教育提供了明确的教育导向和目标，而隐性教育则通过潜移默化的方式，渗透到学生的日常学习和生活中。两者相互支持、相互补充，能够更好地培养学生正确的世界观、人生观和价值观。

通过完善课程体系、打通课程之间的价值壁垒，并充分发挥隐性教育在其他课程中的作用，我们能够实现全面的思想政治教育目标，培养德智体美劳全面发展的社会主义建设者和接班人。

（二）"课程思政"建设应注重策略运用

课堂教学中教学方法和策略的应用是呈现一场精彩课堂教学的重要因素。高校"课程思政"建设中如何让思政元素有效地融入到专业知识之中，实现专业课程的育人功能，是需要在探索中不断发展的。在"课程思政"的研究中发现，榜样模范作用的引导是能够深入学生内心的方式方法，是有利于将教书和育人有机统一的方法策略。

1.榜样示范作用的策略运用

教育对象之所以重视榜样，是因为榜样体现的价值对学生的成长与发展具有重要的启示和引领作用。在每个专业的发展历程中，都存在着无数实践先驱者，无论在理论还是实践上，他们都为我们树立了榜样，指明了前进的方向。

每个专业的先辈楷模都是最好的思政教育和价值引领示范。他们通过自身的实践经验和卓越成就，展示了专业知识在社会发展中的重要性和时代价值。他们的成功与失败、挫折与奋斗，都成为我们在专业发展过程中需要面对和克服的困难和挑战。他们的光辉事迹和精神风貌，为学生树立了良好的行为榜样和思想楷模。

在"课程思政"建设中，运用榜样示范策略，可以更好地开展专业教育。通过介绍和宣传专业领域内的先辈楷模，让学生了解他们的事迹和成就，激发学生对专业的热爱和追求。通过学习和借鉴先辈的成功经验和智慧，学生可以更好地理解专业知识的实际应用，掌握专业技能，培养专业素养和职业道德。

同时，榜样示范策略还可以让专业的信念深入人心。通过展示先辈楷模在专业领域中的价值和贡献，可以引导学生树立正确的专业观念和价值取向，培养追求卓越、勇于创新的精神品质。学生在榜样的影响下，将更加自觉地投入专业学习和实践中，为社会的发展和进步作出自己的贡献。

2.注重时事政治的策略运用

随着互联网技术的迅猛发展，网络信息传播的快速性和实效性使得学生们更加关注社会时事和政治动态。现今的大学生群体是"00后"的"网生代"，他们在信息爆炸的时代成长，乐于接受新鲜事物，对社会热点问题关注度高，积极表达自己对社会发展的观点和建议。

教师在开展课堂教学时，应该注重学生的成长环境和特点，抓住他们的学习兴趣。在专业课程设置上，应将国家的发展情况与课程内容有机联系，让学生真正了解专业知识与民生息息相关的部分。通过引导学生关注和了解时事政治，教师能够培养学生对国家发展趋势的正确认知，使其正确认识和对待国家和世界的发展动态。

这种策略运用的目的是引导学生正确认识自身所学专业与社会、国家发展之间的紧密联系。学生通过了解和关注时事政治，能够更好地理解专业知识在社会中的应用和意义，激发学生对专业发展的热情和责任感。教师可以通过引导学生参与讨论、撰写论文、组织社会实践等方式，让学生将个人理想追求与党和国家的伟大事业相融合，从而激发学生的社会责任感和使命感。

通过关注和引导学生对时事政治的关注和参与，教师能够促使学生更加深入地了解国家和社会的发展，培养社会责任感和使命感，推动他们将专业知识与国家发展紧密结合，为国家的伟大事业贡献自己的力量。

3.注重理论结合实际

理论知识要用于指导实践，再将实践成果丰富到理论之中。新时代大学生更愿意接触新事物，体验新感受。将课堂上的理论知识运用到实践中，更利于学生对理论知识的深入理解。教师要抓住新时代高校大学生的身心特点，在各高校"课程思政"的探索中，以不同的方式将理论知识运用到实际，可以将第一课堂与第二课堂，甚至是第三课堂紧密结合。能够把知识传授、能力培养以及价值引领从第一课堂延伸到第二、第三课堂之中，实现知识的理论学习到知识的实际运用，再延伸到网络学习之中，让学生能够真正地将理论发展到实践，让思想政治教育落到实处。

（三）"课程思政"建设要强化对教师的评价要求

教师承担着传播知识、传播真理的历史使命，肩负着教书育人的重任，教师是教育教学的主体，是课堂教学的主导者，是建设"课程思政"的关键力量。教师要在课堂教学中充分发挥主观能动性，在教学设计、教学方式等方面根据学生实际情况实施。因此，"课程思政"强化对教师的评价要求，是能够保证"课程思政"建设顺利实施的重要一环。

1.教师要有坚定的理想信念

在新时代，大学生更愿意接触新事物，体验新感受。因此，在高校"课程思政"的探索中，教师应该抓住新时代大学生的身心特点，将理论知识运用到实际中，以便学生能够更深入地理解理论知识。

教师可以采用不同的方式将理论知识运用到实践中，将第一课堂与第二课堂，甚至第三课堂紧密结合。这种紧密结合的方式可以将知识传授、能力培养以及价值引领从传统的课堂延伸到其他实践场景中，如社会实践、实验室实践、创新创业实践等。通过这种方式，学生可以将理论知识的学习与实际运用相结合，进一步拓展思维和能力。

此外，还可以将理论知识的学习延伸到网络学习中。利用互联网和数字技术的便利性，教师可以借助在线教育平台、社交媒体等渠道，将理论知识以多样的形式呈现给学生，激发他们的学习兴趣和参与度。通过网络学习，学生可以更加自主地学习，掌握知识，并在实践中应用。

通过将理论知识与实际相结合，可以让学生真正将理论发展到实践，将思想政治教育落到实处。这种注重理论结合实际的策略运用能够使学生在学习中感受到知识的实用性和意义，培养他们的实践能力和创新精神，同时也加深他们对思想政治教育的理解和认同，从而在未来的实践中更好地运用所学知识，为社会的发展和进步贡献自己的力量。

2.教师要准确领悟思政原理

思想政治教育并非简单灌输，而是需要一定的原理和方法实施。教师在"课程思政"建设中准确领悟思想政治原理能够使他们意识到自身思想政治素养对学生思想政治教育的重要性，并为日后的教学提供有力支持。

准确领悟思政原理意味着教师需要深入理解和把握思想政治教育的基本原则和核心内容。教师要了解学科特点以及思想政治教育在学科教学中的融合方式，通过深入学习和思考，形成自己独特的教育理念和教学方法。准确的思政原理领悟使教师能够更好地引导学生，帮助他们树立正确的世界观、人生观和价值观，培养他们的社会责任感和家国情怀。

同时，教师还需紧跟时事政治变化。在快速变化的社会环境中，教师要时刻关注社会热点问题，并积极回应学生对这些问题的疑问和讨论。通过了解时事政治，教师能够为学生提供全面的信息和观点，引导他们客观、准确地分析和判断。这有助于提高学生的事件分析能力，增强他们的批判思维和促进价值观养成，培养他们成为积极的公民和社会参与者。

教师要准确领悟思政原理，不断关注和研究时事政治，以提供准确的指导和引领。通过这样的策略运用，教师能够更好地实施"课程思政"，有效引导学生的思想发展，引导他们积极参与社会事务，促进全面成长。

3.教师要深入理解专业课程

教师对专业知识的深入理解是成为一名合格教师的前提条件。在实施精彩的"课程思政"课堂时，教师必须对专业知识体系有着深刻理解。

教师应该熟悉马克思主义的基本观点和方法，并在学习和掌握专业课程的过程中，从最适宜的角度出发，将思政元素融入课堂中。教师需要自觉地将思政元素与学科知识结合，使其在学科教学中渗透和发挥价值引领的作用。将专业知识与思政元素融为一体，更有效地提高思想政治教育的效果。

教师深入理解专业课程有助于增强教师的教学自信和权威性。当教师对专业知识有着深刻的理解和掌握时，能够更好地回答学生的问题，提供更准确和有深度的解释和分析。教师的专业知识和思政元素的融合不仅可以增加课堂的吸引力和教学的互动性，还能够激发学生的学习兴趣和思考能力，促进全面发展。

第四章 高校课程思政建设的课程设计与实施

第一节 高校课程思政建设的课程设计

高校课程思政建设的课程设计是为了全面培养学生的思想政治素养和综合素质，注重培养学生的思辨能力、创新能力、领导能力和社会责任感。

一、设计理念

高校课程思政建设的课程设计理念应当紧密围绕培养社会主义核心价值观，树立正确的世界观、人生观和价值观，以及提高学生的思辨能力、综合分析能力和判断能力。设计应体现全面育人的理念，注重学生的思想政治素质和综合素质的培养，以培养社会主义建设者和接班人为导向。

（一）坚持社会主义核心价值观

高校课程思政建设的设计理念应紧密围绕社会主义核心价值观展开。社会主义核心价值观是中国特色社会主义的价值追求，涵盖了国家、社会、个人的方方面面。课程设计应通过系统的知识传授、思想引导和实践活动，培养学生树立正确的价值观，使其具备崇高的道德品质和社会责任感。

1.价值观教育贯穿全课程

在思政课程的设计中，应将社会主义核心价值观渗透到各个知识点和教学环节中。课程内容应围绕社会主义核心价值观展开，深入讲解其内涵和重要性，并引导学生思考和讨论。同时，通过案例分析、实践活动等方式，让学生在实际中感受社会主义核心价值观的意义和价值。

2.培养爱国主义情感

社会主义核心价值观的一个重要方面是爱国主义。在课程设计中，应注重培养学生的爱国主义情感和民族自豪感。通过学习国家的历史、文化和发展成就，引导学生树立正确的国家观念和民族观念，增强对祖国的热爱和对民族的认同感。同时，通过参观实地、社会实践等形式，让学生亲身体验国家的发展和变化，激发他们为国家繁荣和民族复兴作出贡献的意愿。

3.培养社会责任感

社会主义核心价值观倡导人人有责任为社会作出贡献。在课程设计中，应注重培养学生的社会责任感和公民意识。通过案例分析和讨论，让学生了解社会的现实问题和挑战，引导他们关注社会公共利益，培养参与社会实践和公益活动的意识和能力。同时，通过引导学生关注社会公平、正义和可持续发展等议题，培养社会关怀和社会责任感。

4. 强化道德教育

社会主义核心价值观强调道德规范和行为准则。在课程设计中，应注重培养学生的道德品质和道德意识。通过讲解道德理论和道德规范，引导学生树立正确的道德观念和行为准则。同时，通过案例分析和伦理思辨，引导学生思考伦理问题和道德困境，培养他们正确处理道德冲突和道德决策的能力。

5. 引导个体发展与社会责任的统一

在思政课程的设计中，应注重引导学生认识到个体的发展与社会责任的统一。课程设计应关注学生的个体成长和发展，帮助他们树立正确的人生观和人生目标。同时，通过思政教育，引导学生认识到个人的成长和幸福是建立在社会责任和贡献的基础上的，培养他们愿意为社会发展和人民幸福作出贡献的意愿和能力。

6. 多元文化的包容和尊重

在社会主义核心价值观的背景下，课程设计应注重培养学生的多元文化意识和包容精神。通过引导学生了解和尊重不同文化、宗教、民族的差异，帮助他们建立开放、包容的价值观和思维方式。通过多元文化教育，促进学生的跨文化交流和理解，培养他们成为具有国际视野和全球胸怀的公民。

7. 融入实践和创新教育

设计思政课程时应注重融入实践教育和创新教育的元素。通过社会实践、校园实践、实验教学等形式，让学生将所学知识应用于实际生活中，增强他们的实践能力和创新能力。同时，通过开展创新课程和创新实验，培养学生的创新思维和创新精神，使他们能够积极适应社会变革和科技进步的挑战。

通过坚持以上设计理念，高校课程思政建设能够为学生提供全面的思想政治教育，引导他们树立正确的世界观、人生观和价值观，提高思辨能力、综合分析能力和判断能力，培养社会主义核心价值观，促进学生社会责任感的形成。这将有助于培养高素质、有社会责任感的人才，为社会主义现代化建设作出积极贡献。

（二）强调思辨能力和创新能力培养

设计理念应重视培养学生的思辨能力和创新能力。思辨能力是指学生通过逻辑思考、推理和分析，理解和评估复杂问题的能力。创新能力是指学生具备独立思考、发现问题和解决问题的能力。课程设计应注重培养学生的批判性思维、创造性思维和创新意识，通过启发性问题、案例研究和团队合作等方式激发学生的思考和创新潜力。

1. 培养批判性思维能力

思政课程设计应鼓励学生运用批判性思维审视问题和观点，培养他们分析、评估和解决问题的能力。通过引导学生学习和思考不同观点的优缺点，推动他们从多个角度思考问题，形成独立、客观的判断能力。

2.激发创造性思维和创新意识

思政课程设计应注重培养学生的创造性思维和创新意识。通过启发性问题、案例研究和项目实践等方式，激发学生的创新潜力，鼓励他们独立思考并提出新的观点和解决方案。同时，引导学生了解和学习创新历史和现实案例，激发他们对创新的兴趣和热情。

3.培养跨学科思维和综合分析能力

思政课程设计应促进学科之间的融合与交叉，培养学生的跨学科思维能力和综合分析能力。通过引导学生学习和理解不同学科的知识和方法，帮助他们在解决问题时能够综合运用不同学科的观点和工具，形成全面、系统的分析和判断。

4.强调团队合作和交流能力

思政课程设计应注重培养学生的团队合作和交流能力。通过小组讨论、团队项目和合作研究等活动，鼓励学生与他人合作，共同探讨和解决问题。同时，培养学生良好的沟通和表达能力，使他们能够清晰、准确地表达自己的观点，并有效地与他人交流和合作。

5.注重实践和创新教育

思政课程设计应注重融入实践教育和创新教育的元素。通过实践活动和实际问题解决，让学生将所学知识应用于实际生活中，增强他们的实践能力和创新能力。同时，开设创新课程和创新实验，提供学生自主探索和实践创新的机会，培养创新思维和实践能力。

6.引导学生主动学习和自主发展

思政课程设计应鼓励学生的主动学习和自主发展。通过启发性问题、研究性学习和个人项目等方式，激发学生的学习兴趣和自主学习能力。教师应成为学生学习的引导者和指导者，引导他们积极参与学习过程，培养主动思考、主动学习的习惯和能力。

7.结合实际和社会需求

思政课程设计应紧密结合实际和社会需求。通过引入真实案例、社会问题和热点议题，使学生能够将所学知识应用到实际生活中，理解和解决现实问题。课程设计还应关注社会的变化和需求，培养学生关心社会、参与社会的意识和能力。

8.跨文化和国际视野

思政课程设计应培养学生的跨文化和国际视野。通过引入不同文化背景和国际视角的内容，拓宽学生的视野，培养其跨文化沟通和交流能力，增强他们对世界多元性和全球性问题的理解和关注。

通过综合运用不同的教学方法、学习活动和评价方式，激发学生的学习兴趣和主动性，培养他们的思辨能力、创新能力和综合素质。同时，紧密结合社会需求和时代特点，使课程设计具有现实意义和引领性，为学生思想政治素质和综合素质的提升奠定坚实基础。

（三）综合素质培养

高校课程思政建设的设计理念应注重学生综合素质的培养。综合素质是指学生在思想、品德、智力、身体、美育等方面的全面发展。课程设计应通过多样化的教学手段，培养学生的自主学习能力、沟通合作能力、创新创造能力和领导组织能力。此外，还应注重身心健康和艺术修养的培养，使学生具备全面发展的能力和素质。

1. 自主学习能力的培养

通过设计启发性问题、开放性任务和研究性学习等教学活动，培养学生主动探究、独立思考和自主学习的能力。教师应鼓励学生积极参与知识获取、信息筛选和学习规划，培养学习兴趣和学习动力，提高自主学习能力。

2. 沟通合作能力的培养

通过小组讨论、团队项目和合作研究等教学活动，培养学生良好的沟通能力和团队合作能力。学生在团队合作中学会倾听、表达、协调和合作，发展有效的人际交往和合作技巧，培养集体主义意识和团队精神。

3. 创新创造能力的培养

通过启发性问题、实践探究和创新项目等教学活动，激发学生的创新思维和创造力。学生应被鼓励提出新观点和解决问题的创新方法，并勇于表达和实践自己的想法。教师应提供良好的创新环境和资源支持，引导学生开展创新实践和项目开发。

4. 领导组织能力的培养

通过学生组织、社团活动和领导实践等教学活动，培养学生的领导能力和组织能力。学生有机会应担任组织者、领导者或团队成员，学习领导和组织的技巧，培养组织协调、决策管理和团队领导的能力。

5. 身心健康的培养

除了思想和学术素养，课程设计还应注重学生的身心健康。通过开设体育课、健康教育和心理健康指导等活动，培养学生的身体素质、健康意识和心理健康。学生应被鼓励参与体育运动，保持健康的生活方式，增强身心健康和抵抗力。

6. 艺术修养的培养

课程设计还应注重学生的艺术修养。通过开设艺术课程、文化艺术活动和参观考察等形式，培养学生对艺术的欣赏能力和审美情趣。学生应有机会接触音乐、绘画、舞蹈、戏剧等艺术形式，了解不同的艺术表达方式和文化传承，培养审美情感和创造力。

通过注重综合素质的培养，高校课程思政建设能够全面培养学生的思想政治素质和综合素质，使他们具备全面发展的能力和素质，为社会主义事业的建设和发展作出积极的贡献。

通过以上设计理念，高校课程思政建设能够为学生提供全面的思想政治教育，培养他们树立正确的世界观、人生观和价值观，提高思辨能力、综合分析能力和判断能力，提升综合素质和社会责任感。这种设计理念有助于培养学生成为有理想信念、有社会责任感、有创新精神的新时代人才。

二、设计步骤

（一）需求分析

在高校课程思政建设的课程设计过程中，需求分析是关键的一步，它旨在了解学生的背景、需求和特点，以及当前社会和教育环境的特点和问题。通过深入的需求分析，明确设计课程的目标和定位，确保课程的有效性和适应性。需求分析的具体步骤分为四步。

1. 学生调研

通过问卷调查、访谈、小组讨论等方式，收集学生的信息和意见，了解学生的背景、兴趣爱好、学习习惯、思想倾向等方面的情况。同时，倾听学生对思政课程的期望和需求，了解他们对思政课程的看法和希望得到的具体收益。

2. 社会环境分析

研究当前社会环境的特点和问题，包括社会变革、文化传统、价值观念等方面的变化和冲突。分析社会发展，如就业压力、人际关系、价值观念多元化等对大学生的影响。同时，关注国家政策和社会热点问题，将其纳入课程内容，使课程与时俱进、具有针对性。

3. 教育环境分析

研究当前教育环境的特点和问题，包括高校教育的改革方向、教学方法的创新、教师队伍的素质等方面。了解高校思政教育的实施情况和存在的问题，如教学资源不足、课程设置单一、教学效果不明显等。通过教育环境的分析，可以确定设计课程的切入点和改进方向。

4. 需求分析报告

根据学生调研和环境分析的结果，撰写需求分析报告。该报告应综合分析和总结学生的需求、社会环境和教育环境，明确设计课程的目标和定位。报告中可以包括学生需求的整理、社会和教育环境的分析、课程目标的设定等内容，为后续的课程设计提供依据。

通过深入的需求分析，设计团队可以更好地了解学生的需求和期望，把握当前社会和教育环境的特点和问题，从而明确设计课程的目标和定位。需求分析的结果将为后续的课程设计提供指导，确保设计出符合学生需求、紧贴社会实际的思政课程。

（二）目标设定

根据需求分析结果，明确课程的总体目标和具体目标。总体目标可以包括培养正确的世界观、人生观和价值观，提高思辨能力、综合分析能力和判断能力等；具体目标可以细分为各个层面的学习目标，如知识目标、技能目标、情感目标等。

1. 总体目标设定

总体目标是课程设计的核心，它反映了培养学生的思想政治素质和综合素质的长远目标。根据需求分析的结果，设计团队可以这样确定总体目标。

（1）培养正确的世界观、人生观和价值观

培养学生树立正确的世界观，即对世界和人类社会发展规律的基本认识和判断；正确的人生观，即对个体人生目标和追求的价值取向的正确理解；以及正确的价值观，即对道德规范和行为准则的正确把握。

（2）提高思辨能力、综合分析能力和判断能力

培养学生的思辨能力，使其具备逻辑思考、推理和判断的能力，培养批判性思维和创新性思维的能力；同时，学生应具备综合分析能力，能够从多个角度和层面分析和评价复杂的社会现象和问题。

2.具体目标设定

具体目标是总体目标的细化和具体化，它可以分为不同层面的学习目标，包括知识目标、技能目标、情感目标等。

（1）知识目标

学生应该全面了解国家政策、社会发展动态和重要思想理论，掌握马克思主义基本原理和党的路线、方针和政策，了解党的发展历程和党的指导思想的演变。

（2）技能目标

学生应该具备思辨能力和创新能力，能够进行逻辑思考、推理和判断，能独立思考、发现问题并解决问题，具备批判性思维和创造性思维的能力。

（3）情感目标

学生应该培养爱国主义情怀和社会主义意识，具备强烈的爱国情感和对社会主义事业的信仰，关心国家和民族的发展，为国家和社会的繁荣作出积极的贡献。

通过明确具体目标，可以更加具体地指导课程设计和教学实施，确保学生在思想政治素质和综合素质方面得到有效的培养。

3.具体目标的分解与细化

为了更好地达到总体目标，具体目标需要进一步分解和细化，以明确学生在不同阶段和不同层面上的目标要求。

（1）知识目标的分解与细化

课程设计团队可以明确不同知识领域的学习目标，如政治理论、经济学原理、社会学基础知识等。学生应该具备掌握这些知识领域的基本概念、理论原理和重要内容的能力。

（2）技能目标的分解与细化

设计团队可以确定学生需要具备的具体技能，如批判性思维、逻辑推理、问题解决、创新设计等。通过设计相应的教学活动和任务，培养学生这些技能方面的能力。

（3）情感目标的分解与细化

设计团队可以设定学生需要培养的具体情感目标，如培养学生的爱国情感、社会责任感、公民意识等。通过情感教育、实践活动和案例分析等方式，引导学生形成正确的情感态度和价值观。

在设定具体目标时，需要考虑学生的年级特点、学科特点和培养要求。不同年级的学生可能有不同的认知能力和发展需求，因而目标的设定要具有阶段性和循序渐进的特点。

通过清晰明确的目标设定，课程设计团队能够更好地指导教师的教学实施，设计相关

的教学活动和评价方式，使学生在思想政治素质和综合素质方面得到全面培养。同时，目标的设定也为学生提供了明确的学习方向和目标要求，激发他们的学习动力和积极性，促进全面发展。

三、设计原则

确定课程设计的原则，如科学性原则、适应性原则、开放性原则等。科学性原则要求课程内容与时代发展和学科发展相符合；适应性原则要求课程内容与学生的认知能力和发展需求相适应；开放性原则要求课程设计灵活开放，鼓励学生的自主学习和创新思维。

（一）科学性原则

课程设计应基于科学的理论和知识体系，结合时代背景和社会需求，确保课程内容的科学性和时效性。

1.基于科学的理论和知识体系

课程设计应立足于科学的理论和知识基础，如马克思主义基本原理、社会科学理论、人文科学理论等。通过系统的知识传授和理论探讨，帮助学生树立科学的世界观、人生观和价值观。

2.结合时代背景和社会需求

课程设计应紧密结合当前的时代背景和社会需求，关注社会发展的热点问题和挑战，以及学生所处的时代特征和学习环境。通过引入与时俱进的内容和案例，使课程具有现实意义和实践价值。

3.突出科学研究和学科方法论

课程设计应注重培养学生的科学研究能力和学科方法论。引导学生学习科学研究的基本原理和方法，培养他们的批判性思维和创新能力，使他们能够独立进行科学探究和问题解决。

4.遵循学科规律和教育规律

课程设计应遵循学科规律和教育规律，结合学科特点和学生的认知发展规律，合理安排知识结构和学习进度。通过分阶段、分层次的教学设计，促进学生的渐进性学习和综合能力的提升。

5.注重实证研究和实践教学

课程设计应注重实证研究和实践教学的融合。通过实践活动、实地考察、案例分析等方式，将理论与实践相结合，帮助学生理解和应用所学的知识，培养他们的实践能力和创新能力。

6.更新迭代和持续改进

课程设计应具有更新迭代和持续改进的意识。随着社会的发展和变化，课程内容和教学方法需要不断调整和完善，以适应时代发展和学生需求的变化。通过教学评价和反馈机制，及时收集学生和教师的意见和建议，持续改进和优化课程。

7.融合跨学科知识和综合能力培养

课程设计应融合跨学科知识，打破学科壁垒，促进学科之间的交叉与融合。通过跨学科的学习和研究，培养学生的综合能力和综合思维，使他们能够综合运用各学科的知识和方法解决复杂的问题。

8.强调实用性和社会适应能力

课程设计应注重实用性和培养学生的社会适应能力。课程内容应与实际生活和社会实践相联系，培养学生解决实际问题的能力，并发展适应社会发展的知识和技能。学生通过课程学习，能够更好地适应社会环境、承担社会责任。

9.提倡开放性和多样性

课程设计应提倡开放性和多样性。学生应该有自主学习的空间和机会，能够根据自身兴趣和特长选择学习内容和方式。课程设计可以提供多样的学习资源和活动，鼓励学生的自主探索和创新。

10.强调人文关怀和情感教育

课程设计应注重培养学生的人文关怀和情感教育。通过课程内容和教学方法，引导学生关注他人、关心社会，培养同情心、友善心和公民意识。课程设计还应注重培养学生的情感态度和情感管理能力，帮助他们建立积极健康的情感态度。

课程设计应基于科学的理论和知识体系，结合时代背景和社会需求，确保课程内容的科学性和时效性。同时，课程设计应考虑学生的需求和特点，注重培养思辨能力、创新能力和综合素质，促进学生全面发展。此外，课程设计还应遵循学科规律和教育规律，注重实证研究和实践教学，以及持续改进和更新迭代的原则，以提高课程的质量和效果。

（二）适应性原则

课程设计应根据学生的认知能力和发展需求合理设置，以适应不同层次和个体的学习特点。

1.学生认知能力的差异性

学生的认知能力存在差异，包括知识掌握能力、思维能力、学习兴趣等方面的差异。课程设计应充分考虑学生的认知特点，合理设置教学内容和难度，使每个学生都能够参与到课程学习中。针对不同层次的学生，可以设定不同的学习目标和要求，提供不同的学习资源和支持，以满足不同的学习需求。

2.学生发展需求的多样性

学生在成长过程中面临着不同的发展需求，包括认知发展、情感发展、社交发展等方面的需求。课程设计应关注学生的发展需求，通过丰富的教学内容和多样的学习活动，满足学生不同方面的发展需求。例如，可以设置情感教育的内容，培养学生的情感态度和情感管理能力；可以设置团队合作的活动，培养学生的社交能力和团队合作精神。

3.弹性学习方式的设置

学生在学习过程中表现出不同的学习风格和学习偏好。有些学生更喜欢独立自主的学习，而有些学生更适应于合作学习的方式。课程设计应提供多样化的学习方式和学习资源，允许学生在一定范围内根据自身的学习偏好选择学习方式。例如，可以设置个人研究项目，让学生独立研究和探索；也可以设置小组讨论和合作项目，培养学生的合作能力和团队精神。

4.个性化学习计划的制订

每个学生都有自己的学习特点和学习需求，因此，课程设计应允许学生制订个性化的学习计划。学生可以根据自己的学习目标和兴趣，在一定的框架内选择适合自己的学习内容和学习方式。这样的个性化学习计划可以提高学生的学习积极性和主动性，促进在学习过程中的个人成长和发展。

5.及时的反馈和评价机制

适应性原则还要求在课程设计中设置及时的反馈和评价机制。通过及时的反馈和评价，学生可以了解自己的学习进展和问题所在，及时调整学习策略和方法。同时，教师也可以了解学生的学习情况，及时调整教学和个别辅导，更好地满足学生的学习需求，提高学习效果和成绩。

适应性原则的核心思想是以学生为中心，根据学生的认知能力和发展需求开展课程设计，提供多样化的学习方式和学习资源，允许学生开展个性化的学习规划，并及时给予反馈和评价。这样的设计可以更好地满足学生的学习需求，提高学习动力和学习效果，促进全面发展。同时，也有助于培养学生的自主学习能力、合作精神和创新能力，为未来的学习和发展奠定坚实基础。

（三）开放性原则

课程设计应灵活开放，注重激发学生的主动性和创造性，鼓励学生自主学习和独立思考，通过开放性的教学活动和评价方式，促进学生全面发展。

1.提供多样化的学习资源

开放性原则要求提供丰富多样的学习资源，包括书籍、期刊、互联网资源、实践案例等。这些资源可以激发学生的学习兴趣，拓宽他们的知识视野，培养主动获取知识的能力。

2.鼓励学生的独立思考和创造性

开放性原则强调培养学生的独立思考和创造性。课程设计应提供启发性的问题和挑战，鼓励学生在学习过程中提出自己的观点和解决方案。通过讨论、辩论和项目研究等形式，激发学生的思维活力，培养创新思维和问题解决能力。

3.引导学生自主学习

开放性原则强调学生的自主学习。课程设计应提供学习的导向和指导，而不是简单地传授知识。教师可以充当学生学习的指导者和支持者，引导学生主动探索和学习，培养学习兴趣和学习能力。

4.开展开放性的教学活动

开放性原则要求在课程设计中开展各种开放性的教学活动，如小组讨论、角色扮演、实验研究等。这些活动可以激发学生的合作精神和创造力，培养团队合作和沟通能力。

5.采用开放性的评价方式

开放性原则要求采用开放性的评价方式，注重评价学生的思维过程和创造性。除了传统的笔试和考试形式外，可以采用口头报告、项目展示、作品展览等方式，评价学生的综合能力和创造力。

开放性原则的核心思想是以学生为中心，注重学生的主动性和创造性。通过提供多样化的学习资源、鼓励独立思考和创造性、引导学生自主学习和开展开放性的教学活动，以及采用开放性的评价方式，促进学生的全面发展。

（四）实践性原则

课程设计应注重将思政理论与实践相结合，通过实践活动、案例研讨和社会实践等方式，引导学生将所学的理论知识应用于实际问题的解决中，培养学生的实践能力和社会责任感。

1.融入实践活动

实践性原则要求将实践活动融入课程设计中。教师可以组织学生参与实验、实训、实地考察等实践活动，让学生亲身体验和实践所学知识。通过实践活动，学生可以加深对理论知识的理解，培养实际操作和问题解决的能力。

2.开展案例研讨

实践性原则倡导开展案例研讨。通过分析真实案例，学生可以将所学的思政理论与实际情境相结合，探索问题的根源和解决方案。案例研讨可以培养学生的综合分析能力、判断能力和决策能力，使他们能够在复杂的社会环境中做出明智的选择。

3.开展社会实践

实践性原则要求开展社会实践活动。学生可以参与社区服务、志愿者活动、社会调研等实践项目，了解社会现实，与社会交流互动，增强社会责任感和公民意识。社会实践可以使学生深入了解社会问题，培养他们关心社会、关注他人的情感和行动能力。

4.引导学生开展实践性项目学习

实践性原则强调引导学生开展实践性项目学习。教师可以根据课程内容和学生的兴趣，设计具有实践性的项目任务，让学生在实际操作中学习和实践。这种项目学习可以培养学生的解决问题的能力、团队合作能力和创新能力。

5.培养学生的实践能力和社会责任感

实践性原则的核心目标是培养学生的实践能力和社会责任感。通过实践性的教学活动，学生可以提升实际操作能力、解决问题的能力和创新思维，具备面对复杂社会问题的能力和勇气。

四、设计内容

根据目标和原则，确定课程的具体内容和教学活动。内容可以包括思政理论知识、国家政策法规、社会发展问题等；教学活动可以包括案例分析、讨论、辩论、实践活动等。设计内容应该具有系统性、科学性和针对性，能够全面培养学生的思想政治素质和综合素质。

（一）思政理论知识

课程应包括对马克思主义基本原理、中国特色社会主义理论体系的学习，使学生能够理解并运用这些理论指导自己的思想和行为。

1.学习马克思主义基本原理

高校课程思政建设的设计应包括对马克思主义基本原理的学习。学生应该了解马克思主义的历史渊源、基本观点和核心概念，包括历史唯物主义、辩证唯物主义、阶级斗争理论、剩余价值理论等。通过学习这些理论，学生可以理解社会历史的发展规律，把握社会变革的方向和动力，形成正确的世界观和方法论。

2.学习中国特色社会主义理论体系

高校课程思政建设的设计还应包括对中国特色社会主义理论体系的学习。学生应该学习习近平新时代中国特色社会主义思想，了解其重要思想内涵和实践要求，包括中国梦、全面建设社会主义现代化国家、坚持人民至上等。通过学习这些理论，学生可以深入了解中国特色社会主义的发展道路、制度安排和价值追求，增强对中国共产党领导的社会主义事业的认同和信心。

3.理解思政理论的现实意义

高校课程思政建设的设计还应强调思政理论的现实意义。学生应该明确思政理论对个人、社会和国家的重要作用，包括思想引领、价值观塑造、人才培养等方面。通过深入理解思政理论的现实意义，学生可以认识到自己作为大学生的社会责任和使命，从而更好地投身到实践中。

4.运用思政理论指导自身行为

高校课程思政建设的设计还应强调运用思政理论指导自身行为。学生应该学会运用所学的思政理论解读和分析社会现象，指导自己的思想和行为。通过思政理论的引导，学生可以形成正确的价值观、世界观和人生观，坚守道德底线，践行社会主义核心价值观，积极参与社会实践，为社会的发展和进步作出贡献。

思政理论知识的学习不仅是为了知识的获取，更重要的是能够将其运用于实际生活中，指导自身的行为和决策。高校课程思政建设的设计应该通过案例分析、讨论和实践活动等方式，引导学生将所学的思政理论知识与实际问题相结合，探索如何在现实中运用这些理论判断、决策和行动。

在课程设计中，可以设置具体的案例研究和实践项目，要求学生运用思政理论知识分析和解决实际问题。通过实践，学生不仅可以深入理解思政理论的内涵和价值，还能够培养实际操作的能力和社会责任感。

此外，设计课程时可以引入真实的社会案例和实践经验，让学生通过学习和了解实际的社会问题，思考和反思自己的观念和行为。通过深入思考和讨论社会问题，学生可以进一步加深对思政理论的理解，并在实践中不断完善自己的思想和行为。

高校课程思政建设的设计应该注重思政理论知识的学习和运用，通过深入学习、实践和思考，培养学生对思政理论的理解和运用能力，使其成为具有正确价值观、扎实理论基础和实践能力的社会主义事业的合格建设者和接班人。

（二）国家政策法规

高校课程思政建设的课程设计应当包含国家的政策法规的学习内容。国家政策法规是国家治理的重要基础，了解和遵守政策法规对学生具备正确的法制观念和公民意识至关重要。设计课程时，可以从五个方面展开。

1. 法治理念与意识

介绍法治的基本理念和意义，促进学生对法治的认知和理解。通过案例分析和讨论，引导学生认识法治对社会稳定、公平正义和个人权益的重要作用。

2. 法律体系与法治建设

介绍国家的法律体系，包括宪法、民法、刑法、行政法等方面的基本法律知识。学生应了解不同法律的适用范围、原则和程序，以及法律体系的层级和关系。

3. 政策制定与实施过程

介绍国家政策的制定和实施过程，包括政策的背景、立项、研究、决策、实施和评估等环节。通过实际案例的分析，让学生了解政策制定的科学性、公正性和可行性，增强对政策的理解和参与度。

4. 具体政策领域的学习

选取一些重要的政策领域，如教育、环保、经济发展等，介绍相关的法律法规和政策文件。学生可以通过学习具体政策案例，了解政策背后的理念、目标和实施策略，培养分析和评估政策的能力。

5. 公民的参与法律意识

强调公民的参与意识和责任感，让学生了解公民在法治国家中的地位和权利。通过案例和讨论，引导学生了解如何行使自己的权利、维护自己的利益，以及如何通过法律途径参与社会事务和公共决策。

在设计课程时，可以采用多种教学方法，如讲授、案例分析、小组讨论、角色扮演等，以激发学生的兴趣和参与度。同时，可以邀请相关领域的专家和从业人员举办讲座和交流，让学生接触实际工作和经验，加深对政策法规的理解和实践应用能力。

（三）社会发展问题

高校课程思政建设的课程设计应包含社会发展问题的学习内容，旨在引导学生深入了解社会问题的本质和原因，培养批判性思维和解决问题的能力。在设计课程时，可以从五个方面展开。

1. 社会问题的选题与分析

选取一些当前社会的热点问题，如贫富差距、环境污染、教育不公等，通过分析问题的背景、原因和影响，引导学生深入了解社会问题的复杂性和多维性。

2. 批判性思维与问题分析

通过教学案例、讨论和辩论等方式，引导学生从多个角度思考问题，并提出自己的观点和解决方案。同时，鼓励学生主动收集和分析相关数据和信息，以支持自己的论述和观点，培养批判性思维和问题分析能力。

3. 社会问题的根源与结构

引导学生思考社会问题与社会制度、价值观念、文化传统等的关系，了解社会问题背后的深层次原因和机制。通过这种分析，帮助学生更全面地认识社会问题，并寻找可行的解决途径。

4. 解决社会问题的方法与策略

通过学习相关案例和实践经验，让学生了解不同社会问题的解决路径和策略，如社区参与、政府政策调整、创新科技应用等。鼓励学生积极思考和提出自己的解决方案，并讨论其可行性和实施策略。

5. 社会责任与参与意识

通过教学案例和实践活动，引导学生思考个人与社会的关系，明确自己作为公民的责任和义务。鼓励学生积极参与社会公益活动、志愿服务等，体验社会参与的过程，并加强对社会发展问题的关注与思考。

（四）价值观教育

高校课程思政建设的课程设计应包含价值观教育的学习内容，旨在培养学生树立正确的世界观、人生观和价值观，引导学生思考和认识自己的价值取向，并形成积极向上的价值观念。在设计课程时，可以从以下五个方面展开。

1. 价值观念的引入与分析

引入不同的价值观念，如人文主义、民主平等、社会公正等，让学生了解不同价值观在社会中的重要性和作用。通过讨论和辩论，引导学生思考和分析不同价值观观点的合理性和适用性。

2. 个人认知与自我价值观的塑造

鼓励学生反思自身的价值观取向，通过自我评价和反思，帮助学生认识自己的优点、缺点和潜力，并思考如何通过个人努力和行为实现自己的人生价值。

3. 社会影响与价值观选择

让学生了解社会环境对个人价值观的影响，引导学生审视和选择符合自身理念和道德标准的价值观。通过案例分析和讨论，让学生认识到不同价值观对个人行为和社会发展的影响，并培养学生独立思考和独立判断的能力。

4.价值观与社会责任

强调价值观与社会责任的关联，让学生认识到个人的价值观在社会中的重要作用和责任。通过案例研究和实践活动，引导学生思考如何将自身的价值观与社会发展、社会问题解决等紧密结合，培养学生的社会责任感和公益意识。

5.价值观与职业选择

引导学生将个人的价值观与职业选择结合，让学生思考如何选择与自身价值观相符的职业道路，以实现个人成长和发展。通过职业案例分析和职业规划指导，帮助学生了解不同职业背后的价值取向，并指导学生根据自己的兴趣和价值观开展职业规划。

通过以上设计理念、步骤、原则和内容，高校课程思政建设能够打造出具有科学性、适应性、开放性、整体性和实践性的思政课程，为学生的思想政治素质和综合素质的全面培养提供坚实的基础。这将有助于学生形成正确的世界观、人生观和价值观，提高思辨能力、综合分析能力和判断能力，培养社会责任感和公民意识，增强爱国主义精神，为未来发展和社会贡献奠定坚实基础。

第二节　高校课程思政建设的课程实施

一、课堂教学

在正式的课堂教学中，教师可以通过讲授、演示、讨论等方式传授思政知识和理论。运用多媒体教具、案例分析、问题导向等教学方法，激发学生的兴趣和思考，促进思维发展和价值观认知。

（一）讲授教学法

在高校课程思政建设中，讲授教学法是一种常用的教学途径，可以有效地传授思政理论知识。

1.课前准备

教师应提前准备教学内容，确保对思政理论知识有深入的理解和准确的掌握。

教师可以结合教材、参考书籍、学术文献等资源，查阅相关资料，获取最新的研究成果和理论观点。

教师应设计清晰的教学目标和教学计划，明确每节课的重点和难点，合理安排教学时间和内容。

2.教学方法的选择

在讲授教学法中，教师通常采用直接讲授的方式，通过口头表达传授思政理论知识。

教师可以运用演讲、讲解、解读等形式，将抽象的理论概念和观点转化为具体的语言表达，使学生理解和掌握。

教师可以运用多媒体教具，如投影仪、电子白板等，呈现图表、图片、视频等多样化的教学资源，帮助学生直观地理解和记忆知识。

3.讲解的逻辑性和条理性

教师在讲授过程中应注重讲解的逻辑性和条理性，按照逻辑顺序组织和呈现思政理论知识。

教师可以采用分类、比较、分析等方法，帮助学生理清知识的结构和内在联系，形成完整的理论体系。

教师可以运用案例分析、故事讲述等方式，将抽象的理论联系到具体的实际情境，增强学生对知识的理解和应用能力。

4.互动和提问

在讲授教学中，教师应鼓励学生参与互动，通过回答问题提升思维和参与度。

教师可以设置问题引导学生思考，鼓励学生就所学知识提出自己的见解和观点，发展学生的思辨能力和批判思维。

教师可以采用小组讨论、辩论等形式，组织学生思想碰撞和交流，促进学生之间的合作与共享，加深对思政理论知识的理解和应用。

5.知识巩固和评估

在课堂教学中，教师应及时巩固和评估知识，以确保学生对所学知识的掌握。

教师可以设置课堂小测验、问答环节等形式，检验学生对知识的掌握情况，及时纠正错误和弥补漏洞。

教师可以布置课后作业，要求学生总结和应用所学知识，加深对思政理论的理解和思考。

教师可以提供学习资源和参考文献，引导学生进一步深入学习和研究，培养学生独立思考和自主学习的能力。

教师应根据学生的特点和需求，灵活运用不同的教学策略，结合案例分析、互动讨论等教学方法，确保课堂教学的效果和质量。同时，教师还应关注学生的反馈和评价，不断调整和改进教学方法，提高教学效果和学生的学习体验。

（二）互动式教学法

互动式教学法是高校课程思政建设中常用的教学途径之一，它能够激发学生的思维和表达能力，使其积极参与学习过程。

1.小组讨论

教师可以将学生分成若干小组，每个小组讨论一个特定的问题或主题。在讨论过程中，教师可以提供相关资料和指导性问题，引导学生思考和交流。

教师可以设定明确的讨论目标，鼓励学生提出自己的观点和理由，并学会倾听和尊重他人的观点，这样可以培养学生的团队合作精神和社交能力。

教师可以定期轮换小组成员，使学生有机会与不同的同学合作，拓宽他们的思维和视野。

2.角色扮演

教师可以设计角色扮演活动，让学生扮演不同的角色，模拟实际情境，解决具体问题。通过角色扮演，学生可以更深入地理解和体验思政理论的应用。

教师可以给学生提供相关的背景资料和角色设定，引导他们理解角色的心理状态和行为特点。学生可以在角色中发挥创造力，表达自己的观点和解决问题的方法。

教师可以组织角色扮演的展示和讨论，让学生分享彼此的经验和思考，不断学习和成长。

3.案例分析

教师可以选取真实的案例，涉及社会问题、伦理问题等，引导学生分析案例。学生可以运用所学的思政理论知识，分析案例中的价值冲突、道德困境等，提出解决方案和建议。

教师可以组织学生开展小组或全班讨论，鼓励他们提出不同的观点和分析角度。通过案例分析，学生能够更深入地理解思政理论的实际应用和价值取向。

教师可以引导学生思考案例分析的影响和启示，从中总结出思政理论对解决实际问题的指导意义。

4.互动问答

教师可以通过提问和回答的形式，与学行互动。教师可以提出开放性问题，鼓励学生积极参与，表达自己的观点和见解。

通过互动式教学法，学生能够参与到思政课程的学习中，表达自己的观点和思考，与他人交流和讨论，从而提升思维能力、批判思维和表达能力。同时，互动式教学法也能加强师生之间的互动，建立良好的师生关系，提高教学效果和学生的学习积极性。

（三）个案指导与个性化教学

通过关注学生的个体差异，针对不同学生的思政问题和困惑，提供个性化的指导和支持，可以有效地提升他们的思政学习效果和发展。

1.了解学生个体差异

教师应通过个人交流、问卷调查或学生档案等方式，全面了解学生的个人特点、兴趣爱好、学习能力、价值观念等方面的差异，这有助于为每个学生制订个性化的教学方案。

2.个案指导与交流

教师可以与学生一对一交流，通过倾听和回应，帮助学生解决个人的思政问题和困惑。教师应采取开放、包容和关怀的态度，鼓励学生主动表达自己的想法和感受，提供专业性的指导和建议。

3.设计个性化学习任务

根据学生的兴趣、特长和需求，教师可以为他们设计个性化的学习任务。这些任务可以包括研究性课题、实践项目、文献阅读等，以激发学生的学习兴趣和主动性。同时，教师应为学生提供相应的学习资源和支持，帮助他们深入思考和独立探索。

4.引导个性化学习进程

在个案指导中，教师可以根据学生的学习进展和需求，调整教学内容和方法。教师应提供指导性的问题和提示，帮助学生在学习过程中建立思考框架和解决问题的能力。同时，还应鼓励学生独立思考和自主学习，培养他们的批判思维和创新能力。

通过个案指导与个性化教学，学生可以得到更好的学习支持和引导，提升在思政教育中的学习效果和发展。

二、实践活动

组织学生参与各类实践活动，如社会实践、实验研究、社区服务等。通过实践活动，学生可以亲身体验社会问题和挑战，加深对社会现象和政策的理解，培养实践能力和社会责任感。

（一）社会实践

社会实践可以是参观企业、社区、政府机构，也可以是参与社会调研、社会服务等形式。这些实践活动能够增加学生对社会问题的认知，提高实践能力和社会适应能力，从而进一步促进高校思政课程的有效实施。

1.实践活动的设计与组织

高校可以通过课程设置或者专门的实践活动项目，设计并组织学生参与社会实践活动。这包括确定实践活动的目标、内容、形式和安排等方面的工作。同时，需要与相关机构或社区建立合作关系，确保实践活动顺利进行。

2.实践活动的主题与内容

社会实践活动的主题应与思政教育的核心价值观和课程内容相契合，可以选择与社会发展、公民责任、职业素养等相关的主题开展实践活动。例如，组织学生参观先进企业，了解企业社会责任和经营理念；组织学生参与社区服务，关注社区问题，推动社会公益活动等。

3.实践活动的参与方式

社会实践活动可以采取多种参与方式，如实地参观、参与调研、参与志愿服务等。学生可以通过亲身参与和实践，了解实际工作环境、社会问题和挑战，与社会各界人士互动交流，深化对社会现象和政策的理解。

4.活动前的准备和导入

在开展社会实践活动之前，教师需要做好充分的准备工作。这包括介绍实践活动目标、背景、相关知识，引导学生形成对实践活动的预期和期望。教师可以组织讨论、展示相关案例、引导学生提出问题等方式，为实践活动做好导入工作。

5.实践活动的实施与反思

在实践活动过程中，教师应提供必要的指导和支持，引导学生观察、记录和反思。教师可以组织学生开展实地观察、访谈调研、数据收集等活动，引导学生主动参与并记录所见所闻。同时，在活动结束后，教师应组织学生反思和讨论，引导他们深入思考和总结实践活动的收获和体会。通过反思，学生可以审视自己的观点、态度和价值观，进一步巩固和提升思政教育的效果。

6.实践活动的成果展示与评估

在实践活动结束后，可以组织学生展示和分享成果。学生可以通过报告、展览、演讲等形式，呈现自己在实践活动中的学习和体验。这不仅可以增加学生的表达能力和自信心，也为其他同学提供了学习的机会和启发。同时，教师可以评估和反馈学生的实践成果，以及实践活动本身，进一步改进实践活动的设计和组织。

7.实践活动的跟进和延伸

社会实践活动只是高校思政课程的一部分，需要与其他教学环节相结合，形成有机的教学体系。教师可以在实践活动后跟进和延伸，通过课堂讨论、作业布置、小组分享等方式，引导学生将实践经验与课程内容相结合，深化对思政课程的理解和应用。

通过社会实践活动的实施，高校能够更好地落实思政课程的目标，促进学生全面发展。实践活动让学生直接参与社会实践，增加对社会问题的认知和理解，培养实践能力和社会责任感。同时，实践活动也是将课堂知识与实际问题相结合的有效途径，帮助学生将思政理论转化为实际行动。因此，通过社会实践活动实施高校课程思政建设的课程是一种有效方式，能促进学生的思政教育效果和综合素养的提升。

（二）实验研究

实验研究是高校课程思政建设中重要的实践活动之一，它可以帮助学生深入研究某一特定领域的问题，培养科学研究的方法和思维能力。

1.确定研究主题和目标

教师可以根据课程内容和学生的兴趣，确定适合实验研究的主题和目标。主题可以涉及社会问题、伦理道德、科学发展等思政相关领域。教师应提供必要的指导和支持，帮助学生明确研究问题和设定研究目标。

2.设计研究方案和实验设计

学生在教师的指导下，制订详细的研究方案和实验设计。方案应包括研究的目的、方法、样本选择、数据收集和分析等内容。教师可以引导学生掌握科学研究的基本原则和方法，帮助他们设计合理的实验流程和数据处理方式。

3.数据采集和分析

学生根据实验设计开展数据采集和实验操作。教师应提供必要的实验设备和材料，指导学生正确使用和处理实验数据。学生可以运用统计学方法和数据分析工具，整理和分析实验结果，形成科学的研究结论。

4.学术交流和成果展示

学生可以参加学术会议、学术报告和学术竞赛等活动，进行学术交流和分享研究成果。教师可以组织学术讨论和评审，评估和指导学生的研究成果。学生还可以通过学术论文、项目报告、研究展示等形式，系统化、科学化地呈现研究成果。

5. 团队合作和创新能力培养

实验研究通常需要学生团队合作，共同完成研究任务。在团队合作过程中，学生可以培养团队合作精神、沟通能力和领导能力。此外，实验研究也可以激发学生的创新意识和创新能力，通过面对问题的挑战和解决，培养学生的创造力和独立思考能力。

6. 伦理道德

在实验研究过程中，教师应引导学生遵循科学伦理和道德原则，确保研究的合法性、公正性和可靠性。学生需要尊重研究对象的权益和隐私，遵守保密原则，避免伤害或歧视任何个体或群体。教师可以组织伦理道德讨论，引导学生思考科学研究与社会价值观、伦理准则的关系，培养学生的伦理思维和责任意识。

7. 跨学科合作

实验研究往往需要跨学科的知识和技能，教师可以鼓励学生跨学科合作，组建跨专业的研究团队，共同解决复杂的问题。通过与不同学科的学生合作，学生可以拓宽视野，学习其他领域的知识和方法，培养综合思维和解决问题的能力。

8. 创新教育和科技应用

在实验研究中，教师可以引导学生运用科技手段和创新思维解决问题。例如，学生可以利用科技工具收集数据、分析数据、展示研究成果等。教师可以提供相关的技术培训和指导，帮助学生掌握科技应用的方法和技巧，培养学生的信息素养和创新能力。

9. 持续跟踪和反思

实验研究是一个持续的过程，学生需要在研究过程中进行跟踪和反思。教师可以定期与学生讨论和反馈，了解他们在研究中的进展和困惑，并提供指导和支持。学生也应定期开展研究成果的评估和自我反思，总结经验教训，不断提升研究能力和素质。

实验研究是高校课程思政建设中重要的实践活动，通过确定研究主题和目标、设计研究方案和实验设计、数据采集和分析、学术交流和成果展示、团队合作和创新能力培养等途径，可以有效实施高校课程思政建设的课程。这些实践活动可以帮助学生深入研究思政相关领域的问题，培养科学研究能力和思维能力，培养学生的伦理道德意识，促进学生的团队合作和创新能力的发展。

（三）社区服务

社区服务是高校课程思政建设中的重要实践活动之一，通过引导学生参与社区服务，可以提升他们的公民意识和培养社会责任感，增强他们的社会参与能力和跨文化交流能力。

1. 社区服务项目的选择与策划

教师可以根据课程的主题和学生的兴趣，选择适合的社区服务项目。例如，关注环境保护的课程可以组织学生参与垃圾分类宣传和清理活动；关注社会弱势群体的课程可以组织学生开展关爱老人、儿童教育支持等志愿服务。教师还可以引导学生策划项目，包括确定服务目标、制订实施计划和活动安排等。

2.社区需求调研与课程对接

在选择社区服务项目时，教师和学生可以开展社区需求调研，了解社区的实际需求和问题。通过与社区居民、社区组织沟通和交流，识别出需要改善和解决的问题。同时，教师还需与课程内容对接，将社区服务与课程思政目标结合，使学生的服务活动具有思想性和理论支持。

3.志愿者招募与培训

教师可以组织学生招募志愿者，鼓励他们参与社区服务活动。在招募过程中，教师可以说明服务项目的目标和意义，激发学生的参与热情。同时，教师还可以组织志愿者培训，包括法律法规知识、沟通技巧、项目管理等方面的培训，提升学生的服务能力和专业素养。

4.社区服务活动的实施与评估

学生参与社区服务活动时，教师应提供必要的指导和支持，确保活动顺利进行。活动期间，教师可以组织学生开展活动记录、反思和讨论，引导他们评估和总结服务过程和效果。通过活动的实施与评估，学生可以深入思考自身的社会责任感和行为影响，进一步增强思政教育的效果。

5.跨文化交流与理解

社区服务活动常涉及不同社会群体和文化背景的接触与交流。在社区服务活动中，学生有机会与来自不同文化背景的居民互动和交流，增进对不同文化的理解和尊重。教师可以引导学生关注多元文化的存在，促进学生在跨文化交流中培养包容性和开放性的思维，培养学生的国际视野和全球公民意识。

6.社区服务成果的展示与推广

完成社区服务活动后，学生可以通过多种形式展示与推广成果。例如，可以组织学术报告会、社区座谈会或社区展览，向社区居民、教职员工和其他学生展示服务项目的成果和影响。通过展示和推广，可以进一步提高社区居民对大学课程思政建设的关注和认同，促进社区与高校的互动和合作。

7.社区服务经验的总结与分享

学生参与社区服务活动后，教师可以引导他们总结和分享整个服务过程。学生可以撰写服务心得体会、反思和感悟，形成学术论文、报告或博客等形式的文献。这不仅有助于学生加深对服务活动的理解和认识，还可以为其他学生提供经验借鉴和启发。

8.与社区建立长期合作关系

为了实现持续的社区服务和思政教育目标，教师可以与社区建立长期合作关系。通过与社区组织和居民的密切合作，共同开展持续性的项目和活动，为学生提供更多的社区服务机会，促进高校与社区的互利共赢。

学生通过参与社区服务，培养了公民意识、社会责任感和跨文化交流能力，同时为社区提供了实际的帮助和服务，建立了高校与社区之间的紧密联系。这种思政教育的实践活动不仅能够提升学生的综合素质和思维能力，也有助于培养全面发展的人才和社会主义核心价值观的践行者。

三、课外拓展活动

通过丰富多彩的课外拓展活动，学生可以在校园以外的环境中学习和交流，从而更全面地培养思维视野和人文素养。

（一）学术讲座和专题研讨

通过邀请知名学者、专家或行业精英开设学术讲座，以及组织专题研讨活动，可以引领学生思考和探索各个思政相关领域的问题，培养学术思维和批判能力。

1.学术讲座的实施途径和策略

（1）确定讲座主题和内容

高校可以根据当前社会热点、学科发展趋势和学生需求，确定讲座的主题和内容，可以选择涉及社会问题、科学发展、文化传承等与思政相关的领域，以满足学生的思想需求。

（2）邀请优秀学者和专家

通过广泛的学术网络和资源，邀请知名学者、专家或行业精英进校园开设学术讲座。这些讲座嘉宾应具备丰富的学术经验和深入的研究成果，能够为学生提供有价值的学术见解和观点。

（3）创造互动交流的氛围

在学术讲座中，应积极创造互动交流的氛围，鼓励学生提问和参与讨论。可以设置问答环节或小组讨论，让学生与讲座嘉宾开展深入交流，从而促进学术思维和批判能力的培养。

（4）多样化的讲座形式

除了传统的学术演讲形式，还可以探索多样化的讲座形式，如讲座系列、研讨会、座谈会等。这些形式能够更好地满足学生的需求，激发他们的学习兴趣和参与度。

（5）后续跟进和反馈

在学术讲座结束后，可以组织学生开展反思和总结。同时，还可以鼓励学生撰写讲座笔记或心得体会，以及组织相关的学术讨论会，加深对讲座内容的理解和思考。

2.专题研讨的实施途径和策略

（1）确定专题研讨的主题和范围

高校可以根据学科特点、学生兴趣和社会需求，确定专题研讨的主题和范围。主题可以涉及特定学科领域的前沿问题、社会热点话题、伦理道德等与思政相关的议题。

（2）组织跨学科的研讨团队

专题研讨通常需要跨学科的合作与交流，以便综合不同学科的视角和知识，从多角度深入研究问题。高校可以组织由学生、教师和专家组成的研讨团队，确保团队的学科多样性和专业性。

（3）制订研讨计划和议程

在专题研讨前，制订详细的研讨计划和议程，明确研讨的目标、内容和时间安排。计划中应包括专家分享、小组讨论、研究报告等环节，以确保研讨的顺利进行。

（4）提供相关资源和文献资料

为研讨团队提供相关的资源和文献资料，包括学术期刊论文、研究报告、案例分析等。这些资源可以帮助学生开展深入的文献研究和理论分析，为研讨提供支持和参考。

（5）促进跨学科交流与合作

在专题研讨中，鼓励学生开展跨学科的交流与合作，分享各自的专业知识和研究成果。可以设立讨论小组或工作坊的形式，让学生互相学习和启发，从而培养学术思维和批判能力。

（6）提供研讨成果的展示平台

专题研讨结束后，为学生提供展示研讨成果的平台，如组织学术研讨会、学术报告会等形式，让学生向校内外的师生、专家或其他学术界人士展示研讨成果，并接受评议和指导。

（7）引导学生撰写研讨论文

鼓励学生进一步整理专题研讨的成果并撰写成研讨论文。这可以帮助学生深入思考问题、整合研讨过程中的学习和收获，提升学生的学术能力并在职业发展的竞争中脱颖而出。

（二）文化艺术活动

通过组织各类文化艺术活动，高校能够培养学生的人文素养、审美情趣和创造力，引导他们深入思考文化的内涵和社会的发展，推动核心价值观的理解和践行。

1.文化艺术活动的重要性

（1）开阔学生的思维视野

文化艺术活动可以引导学生走进艺术的世界，欣赏、体验和思考艺术作品，拓宽他们的思维视野。音乐会、戏剧表演、艺术展览等活动提供了多样化的艺术表现形式，激发学生对艺术的兴趣，培养他们对美的敏感性和鉴赏力。

（2）培养学生的审美情趣

通过文化艺术活动，学生能够感受到不同艺术形式传递的情感和意义，培养自己的审美情趣。学生在欣赏艺术作品的过程中，可以感受到艺术家的创造力和艺术表达的独特性，进而培养自己对美的追求和对艺术的热爱。

（3）激发学生的创造力

文化艺术活动能够激发学生的创造力和想象力，培养他们在艺术领域的表现力。通过参与戏剧表演、音乐创作、艺术设计等活动，学生可以主动参与艺术创作的过程，发挥自己的想象和创造能力，培养创新精神和艺术表达能力。

（4）推动核心价值观的理解和践行

文化艺术活动通过艺术作品的解读和讨论，引导学生深入思考核心价值观的内涵和社会的发展。艺术作品常常蕴含着深刻的思想和价值观，通过研究和讨论艺术作品，学生可以深入探究其中传递的核心价值观，如真善美、自由平等、爱国敬业等，进一步理解这些价值观的意义和实践方式。

2. 文化艺术活动的实施策略

（1）多样化的文化艺术活动形式

高校可以组织多样化的文化艺术活动，包括音乐会、戏剧表演、舞蹈演出、电影放映、艺术展览等。通过不同形式的艺术表达，满足学生对艺术的不同欣赏需求，开阔审美视野。

（2）合理选择文化艺术活动内容

选择文化艺术活动内容时应结合学生的兴趣和学科特点，注重涵盖不同艺术领域和文化背景。可以邀请知名艺术家、专家学者或学校内外的文化机构合作，展示和演出具有代表性和教育意义的艺术作品。

（3）提供专业解读和引导

为了让学生更好地理解艺术作品，可以邀请相关领域的专家学者开设专题讲座，引导学生从艺术史、艺术理论、创作背景等多个维度理解艺术作品。同时，可以组织小组讨论或座谈会，让学生自由交流观点和体验，加深对艺术作品的理解和感悟。

（4）引导学生参与艺术创作

除了欣赏艺术作品，高校还应鼓励学生参与艺术创作的过程，如组织艺术工作坊、创作比赛等活动，提供艺术指导和资源支持，让学生亲身体验艺术创作的过程，培养创造力和表达能力。

（5）整合学科教育和艺术教育

文化艺术活动应与学科教育相结合，促进跨学科的学习和思考。高校可以组织相关学科的教师参与艺术活动的策划与指导，将艺术与学科知识有机结合。例如，在艺术展览中可以邀请相关学科的教师解读与该学科相关的艺术作品，或者在学科课程中引入艺术作品的分析和讨论。通过整合学科教育和艺术教育，促进学生对文化艺术的更深入理解，并将其与学科知识相互交融，提升学生的综合素养。

（6）提供艺术作品的持续展示和体验机会

高校应该提供持续的艺术作品展示和体验机会，让学生有更多的时间和机会欣赏和体验不同形式的艺术作品，如建立学校艺术中心或美术馆等文化艺术场所，定期举办艺术展览、演出和讲座，为学生提供一个长期参与和交流的平台。

（7）结合社会实践和文化传承

文化艺术活动还可以结合社会实践和文化传承，引导学生通过参观文化遗址、传统手工艺品制作、民俗文化研究等方式，了解和传承本土文化。这样的活动不仅能够让学生深入了解自己的文化根源，还能增强文化自信和身份认同。

3. 文化艺术活动的效果评估

（1）学生参与度和反馈

文化艺术活动的效果可以通过学生的参与度和反馈反映。通过问卷调查、讨论小组或座谈会等方式，了解学生对活动的参与程度、对艺术作品的理解和感受，以及活动对其思政意识、审美情趣和创造力的影响。

（2）学生作品的展示和评审

通过评审学生的艺术作品展示和论文撰写，评估他们在文化艺术活动中的学习和创作成果。可以邀请专业艺术家、教师或评委，从技巧、创新性、表达能力等方面评估学生的艺术作品。

（3）学生思政水平提升的观察和评价

观察和评价学生在文化艺术活动中的思政水平提升，包括对社会主义核心价值观的理解和践行能力的提升，对社会问题的思考和关注能力的提升。可以通过学生的言行举止、参与社会实践的情况、学术成就的表现等多个方面观察和评价学生的思政水平提升。

（4）教师评估和专家评价

教师可以从课堂表现、学术成绩、思维方式等方面评估学生在文化艺术活动中的思政建设效果。同时，可以邀请相关领域的专家，借助专业视角和经验，客观评估学生的学习成果和发展。

（5）校园文化氛围和社会影响力

评估文化艺术活动的效果还可以从校园文化氛围和社会影响力的角度考量。通过观察学生参与文化艺术活动的热情度、校园文化创作的活跃程度以及社会媒体和社会舆论对学校文化艺术活动的关注程度评估活动的影响力。

文化艺术活动能够培养学生的审美情趣、创造力和思辨能力，加深对社会主义核心价值观的理解和践行，提升他们的综合素养和思政水平。为了实施有效的文化艺术活动，高校可以采取多样化的活动形式，提供专业的解读和引导，结合学科教育和艺术教育，持续展示和体验艺术作品，并开展有效的评估和反馈。通过这些努力，高校可以促进学生全面发展，培养具有良好思想道德素质的优秀人才。

四、课程评价

（一）评价的原则

评价体系的完善对课程思政的全面高质量推进具有重要的意义。构建课程思政评价机制是对课程思政教育过程中各环节与实施细微处的整体分析研究与评估，犹如人体免疫调节机制，作用重大，是推进课程思政全面实施的重要保障。评价机制的保障作用体现在对课程思政的促进作用与对课程思政推进实施的测评作用，可以很好地调动教育者的主动性，促进课程思政的实施与发展，在实施中找到问题所在；对课程思政的顶层设计、组织架构、课堂教学等诸多环节均具有良好的保障及督促作用。它是检验课程思政教学质量的衡量标准，对如何衡量老师课程思政工作的质量和要求，评价机制可以作为很好的支撑，通过机制内的衡量确保课程思政的落实与质量，在标准引导下，形成教育、反省、再教育的教学模式，促进课程思政的发展。它是提升课程思政育人成效的重要反馈，课程思政的核心是以生为本，育人不只是教育的输出，更需要教育成效的反馈，在教学过程中及时反馈存在的问题，可以使我们更加清晰地认识到课程思政工作中取得的成效和存在的不足，通过一轮又一轮的反馈、调节和提升，能有效提升促进以生为本的育人成效。

课程思政评价有别于思政课程评价，虽然二者在本质上都是为立德树人服务，但是，其评价主体、评价对象和评价指标等方面的内容皆有差异。关于评价主体，高校课程思政的评价主体是除了专业课和公共课教师以外，还包括学生和管理者，而思政课程的实施主体是思政教育工作者，参与课程思政评价的教师范围比思政课程的要广；在评价的对象方面，思政课程的评价范围相对较小，而课程思政评价不但包括思政课程评价的课程、学生和学校评价，还包括专业评价、人才培养评价等，课程思政更侧重思想价值引领，而非系统的理论教育，是思想政治教育的关键环节；在评价指标方面，高校课程思政建设的评价指标主要针对整个课程思政系统的建设情况，在其具体的评价指标体系的构建中，更加注重教师在课程思政建设工作中的作用和学生的成长，重点关注专业课中思政元素是否挖掘到位，专业知识和思政教育内容是否有机融合，而思政课程评价指标只是课程思政评价体系的一部分，更注重思政教育理论的系统性和规范性，教学内容的高阶性和前沿性，教学方法的生动性，课堂氛围的感染力、亲和力和有效性等。

高校课程思政评价体系在高校课程思政建设过程中发挥着引导、诊断、调节、激励及鉴定等功能。引导功能主要体现在教学目标的导向方面，课程思政评价以课程的价值目标为引领，通过找出实际教学与价值目标之间的差距，不断更新教学内容；激励功能主要体现在课程思政评价对教育者和受教育者双向激励、教学相长的影响方面，激励教育者能使其花费更多精力和时间投入到课程思政的教学工作中，为激励受教育者取得良好成果而有成就感。调节功能主要根据课程思政评价的诊断结果调整教学设计，使教育者不断改进教学计划和方式，优化教学路径，努力实现既定的课程育人目标。鉴定功能主要体现在鉴定任务建设、任务设计、任务布置及任务完成效果上，学校能否完成强国建设所需的人才培养目标，教师能否完成教书育人、立德树人的使命及任务，学生能否树立正确的世界观、人生观和价值观。总而言之，高校课程思政建设应充分发挥课程思政评价的引导、诊断、激励、调节及鉴定作用，形成课程教学闭环，不断提升课程思政的教学质量。课程思政评价体系作为一项极其复杂的系统工程，在其构建过程中必须充分考虑课程的内容、课程的方法、课程育人的实施，以及课程思政的效果评价，因此，课程思政的评价体系构建应当遵循一定的构建原则，是课程思政科学评价的重要保障。

1. 质性评价和量化评价相结合

在课程思政评价体系构建中，量化评价通过数量化分析课程思政要素，形成一个标准的评价尺度，杜绝随意性；质性评价通过评价者和被评价者的双向交流，运用描述性手段，揭示非数量化的课程思政信息特质，作出科学的价值判断。二者结合互补，可以弥补量化评价对非数量化信息判断的不足，使评价过程更趋科学性和规范性。课程思政具有典型的隐性育人特征，其教学成效的评价原则与教师的积极性息息相关，因而，灵活多元的评价能极大地尊重教师的主观能动性，得到科学全面的反馈。

2.总结性评价和形成性评价相结合

在课程思政评价体系构建中，形成性评价是阶段性的对某课程思政实施过程的评价，这种评价方式能了解课程思政教育的进度和发现相关问题，并及时处理，以调整和完善实施方案；总结性评价是对已完成的课程思政教育整体性的等级评定。通过形成性评价，在课程思政教育过程中一次又一次调整，使教育成效越来越向教育目标靠近，直至实现。总结性评价则可以直观地了解是否达成教学目标。在理工科课程思政的教学评价中，具体表现为综合性。教师将课程思政教育内化于学生的思想品格中，并不是一个简单的过程，在教学过程中必须综合运用多种教学方式，多个专业知识，并在实践中查漏补缺，拓展新的课程思政教学思路，逐步搭建一个综合立体的课程思政教学体系。

3.发展性评价和诊断性评价相结合

在课程思政评价体系构建中，诊断性评价是教师根据学生的具体情况及课程思政教学目标，制订出最能排除学生学习障碍的教学方案；发展性评价是教师通过与学生建立起一定的信任关系，再通过合理评价，让学生能够不断地认识自我，在此基础上进一步积极发展自我和完善自我。诊断性评价使教师了解学生，发展性评价使学生认可教师，二者互为促进，共同达成课程思政教育目标。在理工科课程思政的教学评价中，具体表现为重感悟和观实效。课程思政教育的目的重在塑造学生的思想品格，是让学生通过潜在的思政教育，形成具有自我意识的优良品格。因此，教师在课程实施过程中应以"感悟"为出发点，有机融合专业知识与思政元素点，触动学生的心灵，开展高效教学，课程思政的实效性最为明显特征即是学生思想品格和专业学习态度的转变，进而促进学习的进步，身心的发展，并提升其对社会的关注度，这些正是高校课程思政评价的真正意义所在。

（二）评价的策略

高校课程思政建设的评价体系构建首先要澄清评价的主体，也就是需要首先明确高校课程思政建设到底应当由谁评价，评价主体的科学性关系着高校课程思政评价结果的信度和效度，依据评价主体在高校课程思政评价过程当中所处的地位以及发挥的不同作用，评价主体可以被分为管理主体、教育主体通以及受教育主体。

高校课程思政建设的评价策略中，有针对课程思政本身开展的整体性评价，也有就基本要素开展的局部评价，这些不同的评价策略既是一个独立的个体，也是一个互相协同的整体。就学生的综合素养评价而言，从高校课程思政育人的学生整体效果出发，评价的内容不仅应当包括学生的德育素养，还应当包含其学业水平，这是因为专业学习潜隐着思想政治素养教育，学生学习的效果从侧面反映了其积极的学习工作热情，所以要充分利用学生的课堂表现、考试成绩、学习态度等数据信息，认识到学习效果和价值评价之间的积极正相关关系，否则，就会与高校课程思政的初衷背道而驰；就基本要素的评价体系而言，从教师的课程思政教学评价标准出发，评价的内容包括教学的目标、内容、方法、情境、手段等，通过规范化的教学大纲、教案、考核标准完善要素评价体系。针对高校课程思政的主要评价方法有主观描述性反馈评价和量化问卷评价，其中，主观描述性反馈评价可以更直观地反映课程思政教育对象的育人成效，高校课程思政的建设目标尤其强调其价值育人目标的实现，由于不同学生在思想发展、认知水平、家庭背景、成长环境等方面的差异，相同的课程内容产生的育人效果却有所不同，因此，基于学生的主观性描述反馈，教师以及课程思政建设管理部门均可依据其一定量的数据反馈分析中总结其课程思政建设的成功经验和失败教训，通过对比实际完成的育人目标与原设的课程思政价值目标差距中不断优化建设路径。量化问卷评价能够间接地反映高校课程思政建设过程中存在的问题，通过设计一系列与课程思政教学相关的问题让学生作答，从而掌握学生对知识技能的理解掌握程度，接受与认同社会核心价值理念，将这种分析方法用于同一个教师教授的不同班级之间，或者同一课程不同教师的班级之间的差异化数据对比分析。主观描述性反馈和量化问卷评价从受教育者的主观角度和客观分析出发，保证了评价策略的全方位性和多角度性，只有紧紧抓住高校课程思政教育教学改革的初衷以及内在要求，坚持教学评价的基本原则，制订符合高校课程思政教育教学规律的评价策略，高校课程思政的教学评价工作一定能够真正发挥其应有的育人功能，保障其教育教学质量，推动其价值育人目标的全面实现。

故高校课程思政评价策略可以具体围绕教师和学生两个对象构建。

1. 以学生为评价对象的高校课程思政评价策略

学生的学习成效是一个缓慢提升且不断增值的过程，因此，对学生维度的课程思政评价方法，应当结合过程性评价、增值评价和综合性评价展开。"过程性"即指学生学习并吸收思想政治素养的过程；"增值性"即指学生从课程思政的春风化雨中汲取的能量多少；"综合性"即指学生在整个学习过程中的所得。学生学习维度的课程思政评价应当以过程性评价为主，综合性评价为辅，客观反映学生知识接收与思想价值感悟的结合程度，便于发现可持续产出的方向。在评价过程中，围绕学生的在各种媒体或者公共场合的言论、行为，基于其专业视角对思想政治理论的理解及其实际运用等内容为观测点重点考核，运用过程性评价与结果性评价相结合的方法，将评价贯穿课前、课中、课后的全过程，使科学评价体系提升高校课程思政的育人效果，凸显教育教学过程的产出导向以及持续改进的导向。

2. 以教师为评价对象的高校课程思政评价策略

教师教学维度的课程思政评价可以分成自评和他评两种方式，自评可以从单次课堂教学出发，也可以围绕整个教学过程；他评则分为管理者评价、教研室评价、学生评价、竞赛评价。多样化的评价体系，有利于科学认识高校课程思政的建设现状并进一步提出优化方案。教师教学维度的课程思政评价过程中以文本评价为主，教学观察为辅，既有静态的反映思想政治教育元素开发深度的教学方案和教学反思，也有动态的教学过程和学生体验评价，两种评价相互补充。基于教师的教学材料、学生的作业、课堂的反思，学生课堂的参与度、思政元素课堂融入的有机性等内容为观测点重点考核。以静态的文本评价为起点，根据不同课程的专业性特征形成的特色价值目标，通过提升课堂的温度性和师生互动的高效性发挥课程最佳育人作用。

（三）评价体系的构建

基于上述分析，结合有研究成果，本研究着力从管理评价、教师评价和学生评价三个维度探索多主体课程思政评指标体系，从而增强教师的课程思政育人能力，提高课程思政建设质量。

1.高校课程思政评价体系构建的基本理路

评价是对高校课程思政教育教学效果的评估，而育人效果的关键主要在于学生，所以高校课程思政评价以学生的思想政治素养发展水平为关键，其次以教师的课堂教学评价为拓展，最后以专业思政群的建设评价为延展。

就学生维度而言，从课程思政育人的效果出发，学生思想政治素养水平的发展状况作为高校课程思政评价的基点，课程思政建设不但有利于提升学生知识技能，还有助于完善其思想道德水平。关于具体的评价方式，可以基于教师在课堂教学过程中对学生状态的实时评价、阶段性评价以及总结性评价，也可以是来自其他主体基于自身的组织发展需求对人才的标准需求做的评价。

就教师维度而言，从教师综合能力出发，以教师课程思政育人的素养能力水平基点，通过教师自评和学生、同行的他评方式相结合，围绕教师自身的思想政治理论素养，以及在课程思政教育教学实践过程中的教学的目标和思政元素的融入能力等方面开展综合评价。

就管理者维度而言，从课程思政工作落实的全面保障出发，围绕组织机构的完善、各部门之间的联动、跨专业教师间的常态化交流、教师的培训学习机会、资金的保障等机制的建设是否健全，在一流课程、一流专业建设过程中是否将课程思政纳入评价体系等内容开展宏观的综合评价。

2.课程思政评价的指标体系

高校课程思政的评价指标是指把高校课程思政评价的对象量化，变成可以评价的指标。高校课程思政评价面对的是整个系统工程，在这个过程中，高校课程思政评价的核心主要在于评价体系的构建，本文研究课程思政的构建因素基于三个主体维度：管理者、教师和学生，但该评价指标不针对具体的学科专业，所以需要具体学科的细化指标。因此，整个课程思政评价指标体系的一级指标构建中包含了三个维度，即"三维九类"的评价指标体系，为构建课程思政多主体协同评价模型奠定前提和基础。

3.多主体协同评价模型及运行

在课程思政评价设计上，大多数高校并非轻车熟路，有些甚至还处于摸索阶段，而课程思政涉及的学科范围尤其广泛，且形式多样，不仅需要教师探索适合自身的课程思政教学之路，还需要教师结合学科特点与自身特点融合课程思政。因此，在这个背景下，课程思政的评价体系一般面向教师的自身实力以及课堂的教学效果。但是，这些并非构建评价体系的唯一途径，在当下信息飞速发展的时代，评价体系的设计不仅要考虑教师的硬件能力、课堂教学的设计与效果，还需要考虑网络教学资源、管理者协同，思政元素与其他学科的有机融合，学习场所的拓宽，网络教学平台的设计与运行等。

（1）管理者统筹数据的生成

与课程思政相关的管理主体协同并通过多方资源整合与力量整合，共同参与课程思政的效果评价，如教育管理部门、教学单位等主体相互协同，在党委领导下，提升管理主体协同合力，确保课程思政评价工作朝着制度化、程序化的方向发展。

（2）学生效果数据的生成

学生主体评价的数据主要来自大学生课程思政素养的日常表现，包括三个部分：前期表现，即大学生在以往学校中的课程思政表现及日常表现；个性化的发展，包括学生社团活动、各种竞赛项目、志愿活动等；学习数据，即教学平台中的教学数据、课程成绩、缺勤情况、奖惩情况等；家国情怀的量化评价，包括责任担当、情感认同、职业理想等。

（3）教师评价数据的生成

教师主体评价的数据主要来源于基础评价与基本素养。基础评价采取多方位的评价，通过学生评价、教研室评价、竞赛评价等多方评价，有利于对课程思政教师的课程思政能力素养开展全方位的教育教学反馈，从而帮助教师快速优化课程设计，提升课程思政的育人效果。在多主体协同评价模型中，学生效果评价数据与教师评价数据不仅能够有效预警，还能将学生的课上情况量化为数据，甚至是直观的图形提供给教师，以便于教师反思与迭代；教师评价数据对改善教学具有直接的激励作用；管理主体在统筹协同参与下，能更有效地优化各类课程思政资源的使用效率，推进课程思政系统的整体高效运行。

第五章 高校课程思政建设的教师队伍建设

第一节 高校课程思政建设的教师队伍建设现状

一、高校教师课程思政教学能力的构成要素

（一）课程思政教学认知能力

高校教师课程思政教学能力的构成要素之一是课程思政教学认知能力。这一能力涵盖了教师对思政教育的基本理念和目标的理解，对思政教育的相关理论知识的掌握，以及对当前社会热点和重大问题的深入思考和分析。

1. 理解思政教育的基本理念和目标

教师应当具备对思政教育的基本理念和目标的清晰认识。思政教育旨在培养学生的思想道德素养和社会主义核心价值观，引导学生形成正确的世界观、人生观和价值观。教师需深入理解思政教育的重要性，并将其作为课程思政教学的核心目标之一，通过课程内容和教学方法的设计与实施，有针对性地促进学生的思想道德发展。

2. 掌握思政教育的相关理论知识

教师需要全面掌握思政教育的相关理论知识，包括马克思主义理论、哲学、政治学、社会学等相关学科的基本概念和理论框架。他们应熟悉马克思主义的基本原理和方法论，了解社会发展的历史脉络和现实问题，掌握思政教育的核心内容和主要观点。这样，才能在教学过程中准确把握思政教育的理论基础，引导学生思考和理解相关知识。

3. 对当前社会热点和重大问题的深入思考和分析能力

教师应当具备深入思考和分析当前社会热点和重大问题的能力。他们需要关注社会的发展动态，了解各类社会问题和挑战，深入思考和分析社会现象。这样，教师能够将思政教育与实际问题相结合，引导学生从多个角度思考和分析问题，帮助学生树立正确的价值观和人生观。

教师课程思政教学认知能力的构成要素包括对思政教育基本理念和目标的认识，对思政教育相关理论知识的掌握，对当前社会热点和重大问题的深入思考和分析能力，以及对思政教育理论和概念的灵活运用能力。这些要素相互交织，共同构成了教师课程思政教学认知能力的核心内容。通过不断提升这些能力，教师能够更好地开展思政教育，促进学生的全面发展。

（二）课程思政教学设计能力

教师的课程思政教学设计能力是构成其综合教学能力的重要因素之一，构成教师课程思政教学设计能力则有六个重要因素。

1. 确定教学目标和内容

教师应能根据课程特点和学生需求，制订明确的教学目标。这些目标应涵盖思政教育的核心价值和学科知识的要点，并与学生的现实生活和发展需求相结合。同时，教师需要根据教学目标设计相应的教学内容，包括教材选择、教学资源准备等，确保思政教育的全面覆盖和有针对性。

2. 应用多种教学方法和手段

教师应具备灵活运用多种教学方法和手段的能力，以激发学生的学习兴趣和主动性，提高教学效果。例如，教师可以运用案例分析法，引导学生在实际案例中发现问题、分析问题、解决问题，培养学生的批判性思维和问题解决能力。此外，讨论课、小组活动、角色扮演等互动性强的教学方法也可以帮助学生主动参与思政教育，促进思考和交流。

3. 整合跨学科知识和资源

思政教育的内容涉及广泛的学科领域，教师需要具备整合跨学科知识和资源的能力，了解相关学科的基本概念和理论，将不同学科的知识和观点有机结合，为学生提供全面而多元的思想教育。教师还应积极寻找和利用各类教学资源，如学术期刊、研究报告、实践案例等，丰富教学内容，提高教学的质量和深度。

4. 创设具有启发性和互动性的学习环境

教师应该有能力创设具有启发性和互动性的学习环境，以促进学生的积极参与和深入思考，可以通过组织小组讨论、角色扮演、实地考察等活动，激发学生的学习兴趣和动力，促进合作与交流。同时，教师还应鼓励学生提出问题、表达观点，并及时给予积极的反馈和指导，营造良好的学习氛围。

5. 有效利用教学资源

教师需要具备有效利用教学资源的能力，包括教材、多媒体教具、网络资源等，熟悉并善于运用各种教学工具和技术，以提升教学效果。例如，教师可以利用多媒体教具展示图像、视频等多媒体素材，使抽象的概念更加形象生动；利用网络资源在线学习和交流，拓宽学生的学习视野。

6. 反思与不断改进

教师应具备反思和自我评价的能力，及时调整教学策略和方法，以不断改进自己的课程思政教学设计能力可以从学生的反馈和表现中获取信息，分析教学效果，发现问题和不足，并采取相应的改进措施。同时，教师还应不断学习和更新教育理念和教学方法，保持与时俱进，提高自身的专业素养和能力。

教师在教学过程中，通过合理设定教学目标和内容，灵活运用教学方法和手段，整合跨学科知识和资源，关注学生个体差异和发展需求，创设启发性的学习环境，有效利用教学资源，并开展反思与改进，可以更好地实施课程思政教育，提高学生的思想道德素养。

（三）课程思政教学实施能力

课程思政教学实施能力是高校教师在具体教学过程中需具备的一系列能力，包括教学表达能力、教学方法运用能力以及关注学生情况和心理状态的能力。

1. 教学表达能力

教师应具备良好的教学表达能力，言辞流畅、表达有力，能够以清晰准确的语言传达教学内容，将抽象的概念和理论以简明易懂的方式呈现给学生。同时，教师还应注意控制语速、语调和语气，使学生易于理解和接受教学信息。有效的教学表达能力可以帮助教师与学生建立良好的沟通和互动，提高教学效果。

2. 教学方法运用能力

教师应具备灵活运用多种教学方法的能力，以满足不同学生的学习需求和个体差异。启发式教学是一种常用的教学方法，通过引导学生思考、发现问题、独立探索，培养学生的主动学习能力和创新思维。互动式教学是另一种重要的教学方法，通过讨论、小组活动、角色扮演等形式，促进学生之间的交流和合作，激发学生的学习兴趣和参与度。教师还可以运用案例分析、实践操作、教学游戏等多种教学方法，以丰富教学形式，提高学生的学习效果和参与度。

3. 关注学生情况和心理状态的能力

教师应当关注学生的学习情况和心理状态，及时了解学生的学习困难和需求，并采取相应的教学策略和措施提供帮助。教师应建立良好的师生关系，倾听学生的意见和反馈，鼓励学生积极参与和表达。教师还应关注学生的心理健康，提供必要的心理支持和辅导，帮助学生克服学习中的困惑和焦虑，促进学生的全面发展。

教师在课程思政教学实施中，通过良好的教学表达能力，清晰、准确地传达教学内容；通过灵活运用多种教学方法，激发学生的思考和创新能力；通过关注学生情况和心理状态，及时调整教学策略，帮助学生克服困难，促进学生的全面发展。

（四）课程思政教学评价能力

课程思政教学评价能力是高校教师在课程思政教学过程中需具备的一项重要能力，它涉及制订评价标准和方法、运用多种评价工具和方式、及时反馈评价结果以及根据评价结果调整教学策略和教学内容等方面。

1. 制订科学、客观的评价标准和方法

教师应具备制订科学、客观的评价标准和方法的能力，以确保评价的公正性和准确性。评价标准应与课程目标相一致，并具体明确各个层面和要素的评价指标。教师可以制订综合性评价体系，包括知识理解、思想分析、问题解决、创新思维、社会责任等方面。此外，教师还应确保评价方法的多样性，包括考试、作业、讨论、课堂表现等不同形式的评价方式，以便全面了解学生的学习状况和成长变化。

2.运用多种评价工具和方式

教师应具备运用多种评价工具和方式的能力，以获得全面的评价信息。传统的评价方式包括考试和作业评价，可以帮助教师了解学生对知识的掌握和理解程度。此外，教师还应运用讨论、小组活动、项目报告等方式评价学生的思考能力、团队合作能力和创新能力。教师还可以通过观察和记录学生在课堂上的表现评价他们的参与度、表达能力和批判思维。通过多种评价工具和方式的运用，教师能够获取多维度、全方位的学生评价信息，有助于更准确地了解学生的学习状况和能力发展。

3.及时反馈评价结果

教师应具备及时反馈评价结果的能力，确保评价的及时性和有效性。教师可以通过评语、成绩单、个别反馈等方式向学生提供评价结果，并注明其优点和不足之处。及时反馈评价结果可以帮助学生及早发现自己的问题和不足，并及时调整学习策略和提升自身能力。此外，教师还可以与学生面对面讨论和反馈，鼓励学生就评价结果提出问题、表达意见和提供反馈，促进双向的交流和理解。通过及时反馈评价结果，教师能够与学生建立良好的沟通和互动，促进学生的学习和成长。

4.根据评价结果调整教学策略和教学内容

教师应具备根据评价结果调整教学策略和教学内容的能力，以提高教学效果和学生的学习成果。评价结果反映学生的学习状况和需求，教师可以根据评价结果进行分析和总结，找出学生的薄弱环节和问题所在，并相应地调整教学策略。例如，对学生普遍掌握不牢固的知识点，教师可以采取多次强化训练和辅导的方式进行针对性的教学；对学生思维能力较低的情况，教师可以通过启发式教学、案例分析等方式培养学生的思考能力。此外，教师还可以根据评价结果调整教学内容，加强重点知识和核心概念的讲解，提供更具挑战性和启发性的学习任务，以促进学生的深层次学习和发展。

教师通过制订科学、客观的评价标准和方法，运用多种评价工具和方式，及时反馈评价结果，并根据评价结果调整教学策略和教学内容，能够更好地了解学生的学习状况和成长变化，促进学生的全面发展。这种能力的发展需要教师持续的专业学习和实践经验积累，以不断提升自身的教学水平和教育教学质量。

二、新时代高校课程思政建设的教师队伍建设现状

（一）教师队伍结构不合理

在新时代高校课程思政建设的教师队伍中，存在着一些结构不合理的问题。

1.教师队伍结构不平衡

在新时代高校课程思政建设中，教师队伍结构不平衡是一个值得关注的问题。这种不平衡主要表现在不同学科领域思政教师的数量分配不均，教师队伍结构不合理。

（1）专业领域思政教师数量过多

在某些专业领域，思政教师的数量相对较多，超过了实际需求。这可能是因为思政课

程作为一门综合性课程，涵盖了伦理道德、政治理论、法律法规等多个领域，因而在教师招聘和分配过程中，一些专业领域可能被过度关注，导致思政教师数量激增。

这会产生不好的影响，如资源浪费，过多的思政教师分布在某些专业领域，导致资源分配不合理，浪费教师和教育资源。或课程覆盖不足，在其他专业领域，由于缺乏足够的思政教师，思政课程的覆盖和深度可能不足，无法为学生提供全面的思想政治教育。

（2）其他专业领域缺乏思政教师资源

与思政教师数量过多的专业领域相对应的是，其他专业领域可能缺乏足够的思政教师资源。这可能是因为思政教师数量的不足或者对其他学科领域的思政教育重视程度不够。

这会产生不好的影响，如思政教育薄弱，在缺乏思政教师资源的专业领域，思政教育的质量和深度可能受到影响，无法满足学生的思想政治教育需求。学科思政融合困难，某些专业领域需要将思政教育与学科知识融合，但缺乏足够的思政教师资源可能导致融合困难，影响到教育的整体效果。

2.年龄结构不合理

老龄化现象在教师队伍中比较明显，年轻教师的比例相对较低。老年教师虽然在教学经验和学科知识方面具有丰富的积累，但在教学理念和教学方法方面可能相对保守；年轻教师虽然具备较新的教学理念和技术，但缺乏足够的教学经验。这种不合理的年龄结构可能给高校课程思政建设带来一系列影响。

首先，老年教师在教学经验和学科知识方面具有丰富的积累，通常在教学过程中能够运用自己多年的经验和深厚的学科知识，深入剖析和解读教学内容。他们把握学生的思想状况和问题的能力较强，能够通过丰富的实例和案例，引导学生深入思考和讨论。

其次，老年教师在教学理念和教学方法方面可能相对保守。由于教学经验和教学方式相对固定，他们可能更倾向于传统的教学模式，如讲述式教学、笔记复述等。这种保守的教学方式可能难以适应新时代学生的学习需求和思维方式，影响思政课程的活跃性和吸引力。

再次，年轻教师虽然具备较新的教学理念和技术，但缺乏足够的教学经验。虽然他们通常具有创新意识和探索精神，能够灵活运用新的教学方法和技术，使教学更具活力和互动性。然而，由于缺乏教学经验，他们可能在教学过程中遇到问题，如课堂管理不当、教学内容不够系统等。

最后，这种年龄结构不合理可能对高校课程思政建设产生一系列影响。

首先，教学效果不均衡。老年教师和年轻教师各有优势和不足，但由于缺乏合理的结构安排和协同配合，可能导致教学效果不均衡。老年教师的丰富经验可以提供学科知识的深入解析，但在教学方法和理念上可能相对保守；年轻教师则具有新颖的教学理念和技术，但缺乏经验。缺乏协同合作和互补，可能导致教学效果的不均衡，无法充分发挥教师队伍的整体优势。

其次，教师队伍发展不平衡。由于年龄结构不合理，年轻教师可能面临晋升和职业发展的困境。他们由于缺乏经验，往往被赋予较低级别的职务或工作任务，难以充分发挥潜力。这可能影响年轻教师的职业发展动力，导致工作积极性和创造力受到限制。

最后，思政教育创新力不足。年龄结构不合理可能限制了思政教育的创新力。老年教师相对保守的教学理念和方法，可能阻碍了思政教育的更新和变革。而年轻教师虽然具备创新意识，但由于缺乏经验，可能难以将创新理念转化为实际教学行动。因此，建立合理的年龄结构，促进老中青教师的交流和合作，对推动思政教育的创新和发展至关重要。

（二）培养高素质思政教师的渠道不畅

在新时代高校课程思政建设中，培养高素质的思政教师面临渠道不畅的问题。目前，培养高素质思政教师的机制相对狭窄，缺乏系统的培养机制和完善的培训体系，教师们在思政教学方面的专业能力和素质提升受到一定限制。

1.缺乏系统的培养机制

在新时代高校课程思政建设中，培养高素质的思政教师面临着一个问题，即缺乏系统的培养机制。目前，思政教师的培养往往依赖于个别培训班、研讨会和短期培训项目，缺乏长期、系统的培养机制。这种情况导致教师的培养过程常常是零散的、片面的，无法形成系统性的思政教育理念和教学方法的培养。

首先，缺乏系统的培养机制使得思政教师的培养缺乏规划性和连续性。现有的培训形式多以零散的短期培训为主，培训内容和时间有限，无法满足思政教师全面发展的需求。思政教师需要系统地学习教育学、伦理学、政治学等相关学科知识，掌握思政教育的核心理念和方法，以及与学科知识相结合的能力。因此，需要建立起一套完整的培养体系，包括入职前、在职培训以及持续的专业成长计划，确保教师能够全面提升自身素质。

其次，缺乏系统的培养机制影响了思政教师的专业发展和深造。思政教师在专业发展方面常常面临知识更新和研究深化的挑战，但现有的培养机制往往无法提供持续的学术研究和深造机会。高校应建立良好的学术研究环境，鼓励思政教师参与学术研究项目、发表学术论文，提供进修、攻读硕士、博士学位等深造机会，使教师能够在学科专业领域有更深入的研究和认识。

再次，缺乏系统的培养机制使得教师之间的交流和互动有限。思政教师应当通过交流、互动和合作提升教学水平，但现实中教师之间的交流机会有限。缺乏系统的培养机制导致思政教师之间的交流和互动机会受限，无法充分借鉴和分享教学经验、教学资源和教学成果。这种情况可能导致教师们在思政教育中难以形成共同的理念和教学方法，限制了教师队伍整体的提升和发展。

最后，缺乏系统的培养机制可能影响思政教师队伍的稳定性和凝聚力。在没有明确的培养机制和发展路径的情况下，教师们可能面临职业发展的不确定性和动力不足。缺乏持续的培养机制和关注，可能导致思政教师流失和流动性增加，影响教师队伍的稳定性和连续性。

2.缺乏完善的培训体系

目前的培训体系常常注重理论知识的灌输，缺乏实践性和针对性的培训内容。教师们在思政教学方面的专业能力和素质提升受到限制，难以真正满足新时代思政教育的要求。

首先，注重理论灌输而忽视实践性培训。许多培训课程更侧重于理论知识的传授，而缺乏实际教学操作的训练。思政教育的特点是需要结合具体案例和实践活动教学，培训课程应该更加注重实践性教学技巧和方法的培养，使教师能够灵活运用各种教学手段和活动形式。

其次，培训内容缺乏针对性和个性化。现有的培训体系往往过于笼统，没有针对不同教师的需求和特点开展具体的培训安排。不同学科领域和教学经验的教师在思政教育方面的需求和问题各不相同，应该提供个性化的培训计划和指导，以满足不同教师的成长需求。

再次，培训机会有限，时间和资源不足。教师们经常面临时间紧张和教学任务繁重的困扰，很难抽出时间参加培训课程。此外，一些高校缺乏充足的培训资源，无法提供多样化和高质量的培训机会。这都限制了教师在思政教育方面的专业成长和提升。

最后，培训成果缺乏评估和反馈机制。培训过程中缺乏有效的评估和反馈机制，无法科学评估和有针对性地指导教师的培训效果。这使教师难以了解自身培训的效果和存在的问题，难以及时调整和改进教学实践。

（三）缺乏有效的激励机制

一些高校在思政教学方面缺乏明确的激励机制，这导致教师在思政教学方面的付出和贡献得不到充分的认可和回报。缺乏有效的激励机制可能影响教师队伍的积极性和创造性，使一些教师在思政教学方面的投入程度不高，难以发挥其潜力和创造力。

1.缺乏明确的绩效评价体系

目前，一些高校在思政教学方面缺乏明确的绩效评价体系，无法全面、客观地评估教师在思政教学中的贡献和表现。这导致教师的思政教学成果无法被有效量化和评价，从而难以为教师提供明确的激励和回报。

2.缺乏激励措施和机制

除了绩效评价体系外，一些高校还缺乏有效的激励措施和机制，无法及时、有力地激励教师在思政教学方面的积极性和创造力。缺乏激励可能导致教师对思政教育的投入不足，影响到教师队伍整体的思政教学水平。

第二节　高校课程思政建设的教师队伍建设策略

新时代高校课程思政建设的教师队伍建设是一项综合性的工作，需要采取多种策略促进教师队伍的发展和提升。

一、结构调整和优化

（一）要调整和优化教师队伍结构

这意味着在不同学科领域合理配置教师资源，避免出现某些领域教师过剩而其他领域教师相对不足的情况。通过综合考虑学科需求、教师专业背景和教学经验等因素，优化教师队伍的结构，确保思政教育能够全面覆盖各个学科领域。

1. 分析学科需求和教师资源

首先，分析高校的学科设置和发展规划，了解各学科领域的发展趋势、人才需求和思政教育的重要性。同时，评估现有教师队伍的人员结构、专业背景和教学经验，明确教师资源的优势和不足之处。

2. 设定合理的教师配备比例

基于学科需求和教师资源分析的结果，制订合理的教师配备比例，确保不同学科领域都能够拥有足够数量和合适素质的思政教师。这需要结合学科特点和发展重点，确定各学科所需的思政教育师资力量，以及与学生规模相匹配的教师配备比例。

3. 优化教师队伍的结构

根据学科需求和教师资源分析，调整和优化教师队伍结构。这包括通过合理的人员配置，避免出现某些领域教师过剩而其他领域教师不足的情况。根据学科的特点和需求，确保教师队伍能够覆盖各个学科领域，实现思政教育的全面覆盖。

4. 综合考虑专业背景和教学经验

在调整和优化教师队伍结构的过程中，需要综合考虑教师的专业背景和教学经验。这意味着在配置教师资源时，不仅要关注学科专业知识的掌握程度，还要考虑教学经验和教学能力。这有助于确保教师胜任思政教育的教学任务，并提高教育质量。

5. 灵活运用人员调配和培训

在调整和优化教师队伍结构时，可以采取灵活的人员调配措施。这包括适当调整现有教师的岗位，将教师资源合理分配到各个学科领域。同时，为教师提供相关培训和专业发展机会，提升其思政教育水平和能力。

通过合理调整和优化教师队伍的结构，高校可以更好地实施思政教育，提高教育质量，促进学生成长。

（二）要加强中青年教师的培养和发展

给予年轻教师更多的培训机会和成长空间，鼓励他们参与教学实践和教学研究，提升其教学水平和专业素养。同时，为年轻教师提供良好的职业发展通道和晋升机制，激励其在思政教育领域作出更多贡献。

1. 提供全面的培训和发展机会

为中青年教师提供系统化、多层次的培训课程，包括教学方法、思政理论、教育心理学等方面。培训内容应紧密结合实际需求，注重实践操作和案例分析，帮助教师掌握思政教育的核心理念和有效的教学策略。

2.建立导师制度和 mentorship 程序

设立导师制度，由有丰富经验的资深教师担任年轻教师的导师，提供指导、支持和反馈。此外，引入 mentorship 程序，由知名教育专家或成功的教育工作者担任年轻教师的mentor，为他们提供专业指导和职业发展建议，促进成长和进步。

3.鼓励参与教学创新和研究项目

给予中青年教师更多参与教学创新和研究项目的机会，鼓励他们提出新的教学理念和方法，并通过实践验证。这不仅能够提升教师的教学能力和专业素养，还能推动思政教育不断发展和创新。

4.设立职业发展通道和晋升机制

建立合理的职业发展通道和晋升机制，为中青年教师提供明确的晋升渠道和条件。通过评价教师在思政教育方面的教学表现、教育研究成果和专业发展，给予晋升的机会和荣誉，激励他们更好地投入到思政教育工作中。

5.加强交流和合作平台建设

建立中青年教师之间的交流和合作平台，鼓励他们相互学习、分享经验，并与其他高校或研究机构开展合作项目。这样可以拓宽中青年教师的视野，增强他们的专业能力和创新能力。

这些策略将有助于加强中青年教师的培养和发展，提升他们在高校课程思政建设中的作用和影响力。同时，也能够为高校提供一支富有活力、积极创新的教师队伍，推动课程思政建设不断向前发展。

二、建立完善的培养机制

建立健全的思政教师培养机制是培养高素质思政教师的关键。这包括多方面的工作，如设立思政教育教师岗位，明确思政教育的专业化要求；开展系统化的思政教育培训课程，提供教师专业知识和教学技能的培养；组织教学实践和教学观摩活动，提供实际教学经验的积累和分享。

（一）设立思政教育教师岗位

高校可以设立专门的思政教育教师岗位，明确思政教育的专业化要求。这些岗位可以招聘具有相关学科背景和教学经验的教师，使其专注于思政教育的教学和研究工作，提高教师队伍在思政教育领域的专业性。

首先，设立思政教育教师岗位需要明确思政教育的专业化要求。针对思政教育的特殊性和重要性，明确思政教育教师需具备的学科知识、教学理念和教育素养等要求，确保岗位设置的针对性和有效性。

其次，针对思政教育教师岗位的选拔应该注重教师的学科背景和教学经验。招聘时可以优先考虑具备相关学科背景的教师，使其在教学过程中能够结合学科知识和思政教育内容，增强思政教育的实效性和深度。同时，优秀的教学经验也是教师岗位选拔的重要参考因素，可以通过教学案例分析、教学评价等方式评估教师的教学能力和教育素养。

最后，设立思政教育教师岗位还需要提供相应的培训和发展机会。通过为思政教育教师提供专业化的培训课程、教学资源和研究支持，帮助教师进一步提升自身的专业素养和教学能力。同时，建立教师交流与分享的平台，促进教师之间的经验交流和教学成果分享，推动思政教育教师队伍的共同成长。

总之，设立思政教育教师岗位的措施包括明确思政教育的专业化要求、选拔具备相关学科背景和教学经验的教师、提供培训和发展机会以及建立考核和评价机制。

（二）开展系统化的培训课程

为教师提供系统化的思政教育培训课程，包括思政理论、思政教育方法和技巧、思政教材编写等方面。这些培训课程可以结合教学实践，注重教师的专业知识和教学技能的提升，帮助教师更好地掌握思政教育的要点和核心内容。

1.设计多元化的培训课程

系统化的思政教育培训课程应涵盖多个方面，包括思政理论、思政教育方法和技巧、思政教材编写等。通过这些课程的开展，教师可以全面了解思政教育的理论基础、实施策略和有效教学方法，有助于提高在思政教育领域的专业水平。

2.结合教学实践开展培训

培训课程应与实际教学工作紧密结合，注重理论与实践的结合。通过案例分析、教学模拟和实地教学等形式，教师能够更好地将培训中获得的知识和技能应用到实际教学中，提高教学效果和教育成果。

3.强调教师专业知识和教学技能的提升

培训课程应注重提升教师的专业知识水平和教学技能。在思政理论方面，教师需要深入学习和研究相关理论，不断更新自己的知识体系。同时，针对思政教育的特点和需求，培训课程应着重培养教师的思政教育教学技巧，如启发式教学、案例教学、讨论式教学等，以提高教学质量和教学效果。

4.推动教师之间的交流与合作

在培训课程中，应鼓励教师之间的交流与合作，促进经验共享和教学互助。教师可以通过研讨会、研讨班和学术交流会等形式，分享教学经验、教材资源和教学案例，相互借鉴和启发，提高教学水平。

5.持续性的培训机制

培训课程应该具有持续性和循环性，不断满足教师的发展需求。高校可以建立定期的培训计划和机制，提供长期的教师发展支持和培训机会。这包括每学期或每年安排一定数量的培训课程，为教师提供参与专业研修、学术会议和研讨活动的机会。同时，建立一个教师发展档案和跟踪系统，记录教师参与培训的情况和成果，为教师的个人成长和晋升提供参考。

通过提供多元化的培训形式、结合教学实践、注重教师专业知识和教学技能的提升、促进教师交流与合作以及建立持续性的培训机制和评估机制，可以有效提升教师在思政教育领域的专业素养和教学能力，推动高校课程思政建设质量和水平的提高。

（三）组织教学实践和教学观摩活动

组织教师参与教学实践和教学观摩活动，提供实际教学经验的积累和分享。教师可以观摩优秀思政教师的授课，借鉴其教学方法和教学案例，同时也可以交流和分享自己的教学经验，促进教师之间的互动和成长。

首先，组织教师参与教学实践活动。高校可以安排教师参与实际的课堂教学，让他们亲身体验思政教育的教学过程。教师可以担任助教、讲师或授课教师的角色，与学生互动，了解学生的需求和反馈。在实践中，教师能够发现问题、总结经验、改进教学方法，提高教学效果和学生的思政教育体验。

其次，组织教师参与教学观摩活动。高校可以组织教师到其他院系或外部机构的思政课程中观摩学习。教师可以观摩优秀思政教师的课程，并学习其教学策略、教学技巧和教学案例。观摩活动可以通过实地参观、视频录播等形式开展，让教师通过目睹并参与其中，深入了解优秀教师的教学实践，从中汲取灵感和经验。

再次，组织教师之间的经验交流和分享是教学实践和观摩活动的重要内容。高校可以定期组织教师研讨会、教学交流会等活动，为教师搭建交流平台。教师可以分享自己的教学经验、教学案例和教学资源，与其他教师互动和讨论，共同探讨思政教育的教学方法和教育理念。这种经验交流和分享的机制可以促进教师之间的互动和成长，提高整个教师队伍的教学水平和思政教育的质量。

最后，为了使教学实践和观摩活动取得更好的效果，高校还可以建立评估机制。通过评估教学实践和观摩活动，可以了解教师在实践中的表现和收获，发现问题和改进方向，从而进一步提升教师的教学能力和专业水平。

评估机制可以通过多种方式实施，如教学观摩后的反馈评价、教学实践报告的撰写和评审，以及定期的教学成果展示等。通过评估机制，可以客观评价教师的教学实践，识别教学中存在的问题和改进的空间。评估结果可以为教师提供具体的反馈意见和建议，帮助他们更好地调整和改进自己的教学方法和策略。同时，评估结果也可以作为教师个人发展的参考，为个体教师提供进一步培训和发展的指导。

通过积累实际教学经验、观摩他人的教学实践和经验交流与分享，教师能够提升自身的教学能力和专业水平。同时，建立评估机制可以帮助教师识别问题和改进方向，促进教学实践的不断改进和提高。这些举措将有助于构建一个高质量的思政教育师资队伍，推动高校课程思政建设取得更加显著的成果。

三、建立激励机制

建立有效的激励机制对激发教师的积极性和创造力至关重要。可以通过绩效考核、薪酬激励、荣誉表彰等方式，奖励和激励思政教学表现突出的教师。

（一）绩效考核

建立科学合理的绩效考核体系，将思政教学的质量、教学成果、学生评价等作为评估指标。通过定期的绩效评估，对表现优秀的教师给予认可和激励，激发其在思政教育中的持续努力和创新。

1.设定评估指标

建立绩效考核的第一步是确定评估指标。评估指标应综合考虑教师的教学质量、教学成果和学生评价等方面的因素。例如，教学质量可以包括课堂教学效果、教学设计和教学资源的使用等；教学成果可以包括教材编写、学术论文发表等；学生评价可以通过学生问卷调查或评估表等方式收集。评估指标的设定应具有科学性和可操作性，能够准确反映教师在思政教育中的表现。

2.定期开展评估

绩效考核应定期开展，以确保教师的表现能够及时得到评估和认可。评估的频率可以根据实际情况设定，一般可以每学年一次或每个学期一次。定期评估可以帮助教师及时发现问题、改进教学方法，并为进一步的教学提升提供方向。

3.多维度评估

绩效考核应采取多维度的评估方法，综合考虑不同方面的表现。除了定量指标，还可以考虑使用定性评价、教学观察、同行评审等方法综合评估。这样可以更全面地了解教师在思政教育中的工作表现，避免片面的评价结果。

4.提供认可和激励措施

对表现优秀的教师，应提供相应的认可和激励措施。认可可以通过公开表彰、荣誉称号等方式，激励可以通过奖金、晋升、学术交流机会等形式。这些措施可以激发教师的积极性和动力，促使他们在思政教育中持续努力和创新。

5.提供改进和支持机会

绩效考核不仅是评估，也是为教师提供改进和支持的机会。在反馈给教师评估结果后，应提供相应的改进指导和支持措施，帮助教师改进教学方法和提升教学能力。绩效考核作为建立激励机制的重要组成部分，能够促使教师在思政教育中持续提高教学质量和创新能力。同时，通过提供认可和激励，鼓励教师在思政教育中不断追求卓越，推动整体的课程思政建设。

（二）薪酬激励

将教师的思政教学表现与薪酬挂钩，设立相应的绩效奖金和岗位津贴。优秀的思政教师可以得到经济上的回报，这不仅是对他们努力工作的认可，也能够激发更高的工作动力和投入。

1.差异化薪酬设计

针对不同层级和职称的教师，可以设计差异化的薪酬方案。对资深的思政教师或在思政教育领域具有重要影响力的教师，可以设置更高的绩效奖金和津贴，以充分肯定他们的教学贡献和领导力。

2. 教学质量为核心

薪酬激励应以教学质量为核心指标。通过学生评价、教学评估等方式，客观评估教师的教学表现，并与相应的薪酬激励挂钩。这将鼓励教师注重教学效果并促进学生学习体验的提升，以提高整体思政教育的质量。

3. 教学成果的考量

除了教学质量，还应考虑教师在思政教育研究和学术成果方面的表现。优秀的研究成果、教材编写、教学案例创新等可以作为薪酬激励的重要指标之一，以鼓励教师在思政教育领域的学术探索和创新实践。

4. 岗位责任与激励挂钩

思政教育涉及师生的思想引领和道德培养，教师在其中扮演着重要的角色。因此，可以通过岗位津贴的方式，将教师在思政教育中的岗位责任与相应的经济激励联系。例如，思政课程负责人可以获得额外的津贴，以鼓励他们承担更多的教学与管理责任。

5. 长期稳定的激励机制

薪酬激励应该具备长期稳定性，确保教师对持续投入思政教育的动力和信心。制订长期的激励计划，提供渐进式的薪酬增长和晋升机会，以激发教师的职业发展愿望，促使其在思政教育领域持续提升和成长。

（三）荣誉表彰

设立思政教育的荣誉称号和奖项，如优秀思政教师、思政教育先进个人等。这些荣誉表彰可以通过颁发证书、举办颁奖典礼等形式开展，充分展示和肯定教师在思政教育中的杰出贡献，鼓励他们继续发展和创新。

1. 建立荣誉称号体系

创建一套完善的荣誉称号体系，以表彰在思政教育中作出杰出贡献的教师。这些称号可以根据教学成果、教学质量、学术研究、师德师风等方面的表现评定。设立不同级别和层次的荣誉称号，如"国家级优秀思政教师""省级思政教育先进个人"等，以激励教师不断追求卓越。

2. 颁发荣誉证书

对获得荣誉称号的教师，可以颁发相应的荣誉证书作为表彰和记录。这些证书可以注明教师的荣誉称号、所在学校、获得日期等信息，具有纪念和荣誉的意义。同时，可以在学校官方网站或其他媒体上公示获奖教师名单，进一步彰显其荣誉和成就。

3. 举办颁奖典礼

定期举办思政教育领域的荣誉颁奖典礼，为获得荣誉称号的教师举行庄重而隆重的颁奖仪式。这样的典礼可以邀请校领导、专家学者、同行教师和学生代表等出席，以增加表彰活动的权威性和正式性。通过举办典礼，宣传获奖教师的优秀事迹，激励其他教师积极参与思政教育的建设。

4.公开分享优秀案例

总结和归纳获得荣誉称号的教师的教学案例、教学经验、教育方法等，形成优秀思政教育案例集。这些案例可以在学校内部或跨学校之间分享和交流，为其他教师提供借鉴和启示。通过公开分享，不仅能够展示获奖教师的教学成果，也能促进教师之间的互相学习和进步。

通过上述荣誉表彰措施和额外支持措施，可以充分肯定思政教育中的优秀教师，激发其积极性和创造力，推动高校课程思政建设的教师队伍建设。

通过绩效考核、薪酬激励、荣誉表彰等方式，可以激发教师的积极性和创造力，促进其在思政教育领域的发展和成长。同时，为教师提供专业发展支持、评估反馈和团队合作机制，也能够进一步激励教师的参与和贡献，提升思政教育的整体质量。

第三节　高校课程思政建设的教师队伍建设成果与反思

高校课程思政建设的教师队伍建设是一项长期而复杂的任务，需要持续的努力和改进。在推动教师队伍建设的过程中，可能会取得一些成果，同时也需要反思存在的问题，以进一步提升思政教育的质量和效果。

一、高校课程思政建设的教师队伍建设成果

（一）结构合理与优化

通过结构调整和优化，建立了多层次、多领域的教师队伍，实现了不同学科领域思政教师的合理配置，增强了思政课程的全面性和深度。

1.多层次的教师队伍

通过结构合理与优化，高校思政课程教师队伍实现了多层次的设置，包括资深的思政教师、中级教师和新进教师等。这样的多层次队伍结构使得教师队伍具备了不同层级课程需求的适应能力，保证了思政课程教学的连贯性和持续性。

2.多领域的教师配置

在结构合理与优化的过程中，高校思政课程教师队伍注重多领域的教师配置，不仅有人文社科领域的教师，还有自然科学、工程技术等领域的教师。这样的配置使得思政课程能够涵盖更广泛的知识领域，将不同学科的观点和思考融入课程中，增强了思政课程的全面性和深度。

3.教师专业素养的提升

结构合理与优化的教师队伍建设注重教师专业素养的提升。选拔具备较高学术水平和教育能力的教师，通过培训、研讨会等形式提供专业发展机会，提升教师的学科研究和教学能力。这样的专业素养提升使得教师具备更强的学科知识储备和教学方法，能够更好地

传授思政知识和引导学生的思考。

4.学科交叉与综合能力的增强

结构合理与优化的教师队伍建设促进了学科交叉与综合能力的增强。引入具备跨学科背景的教师，鼓励教师之间的学科交流与合作，推动不同学科间的融合。这样的交叉与综合能力增强使得思政课程能够更好地与其他学科融合，从而提供更全面、多角度的思政教育。

总体而言，高校课程思政建设中通过结构合理与优化的教师队伍建设，实现了多层次、多领域的教师配置，提升了教师的专业素养和综合能力，促进了学科交叉与融合，同时加强了教师团队的协同与合作。这些成果共同推动了思政课程的全面性和深度，提高了教学质量，培养了德智体美劳全面发展的高校学生。

（二）培养高素质思政教师

通过建立培养机制和完善的培训体系，提供了更多的培养机会和资源支持，促进了教师的专业能力和素质的提升。教师在思政教育方面获得了更广泛的知识和技能，能够更好地满足新时代思政教育的要求。

1.完善的培训体系

高校思政教育建设注重为教师提供全面、多样化的培训资源和机会。通过举办各类培训班、研讨会、学术交流等，提供教学方法、教材编写、课程设计等方面的培训，帮助教师不断提升自身的教学能力和素质。培训体系的完善确保了教师的专业发展和成长。

2.学科交流与合作

高校思政教育鼓励教师之间的学科交流与合作。通过学科交叉的研究和合作，教师能够从其他学科中汲取新的思想和观点，拓宽自己的学术视野和思维方式。学科交流与合作的机制有助于教师培养跨学科的综合能力，提高其在思政教育中的专业水平。

3.学术研究与创新实践

高校思政教育鼓励教师积极参与学术研究和创新实践。教师可以通过开展教育科研项目、撰写教材、开展教学案例创新等方式，深入研究思政教育的理论和实践问题，提升自身的学术造诣和创新能力。学术研究与创新实践的推动使得教师在思政教育领域具备更高的专业素质。

4.资源支持与奖励激励

高校思政教育为教师提供了更多的资源支持和奖励激励。教师可以获得科研项目经费、教学改革资助等资源支持，开展教学和研究工作。同时，设立奖励机制，通过评选优秀教师、表彰教育成果等方式，激励教师在思政教育方面的积极探索和创新。这样的资源支持和奖励激励，鼓励教师更加投入思政教育工作，提升素质和能力。

上述结构合理与优化的教师队伍建设成果，高校课程思政建设实现了对教师的全方位培养和支持，提升了教师的专业能力和素质。教师具备更广泛的知识和技能，能更好地适应新时代思政教育的要求，为学生提供高质量的思政教育。

（三）师资队伍交流与合作

加强教师之间的交流与合作，促进了教学经验和教学资源的共享，提高了教师的教学水平和专业素养。教师之间的互相学习和合作，推动了思政教育与其他学科的融合。

1.学术交流研讨

高校思政教育建设鼓励教师之间开展学术交流研讨活动。教师可以组织学术研讨会、教学研讨班等形式的交流活动，分享教学经验、探讨教学方法和策略，共同面对教学中的挑战。这样的交流活动为教师提供了互相启发和借鉴的机会，促进了教学水平的提升。

2.教学资源共享

结构合理与优化的教师队伍建设使不同学科领域的教师得以合理配置。在这样的队伍结构下，教师们可以共享教学资源，可以相互借鉴和使用各自积累的教学资料、教案、教学方法等，从而丰富自己的教学内容和手段，提高教学效果。这种资源共享的方式使得思政教育从其他学科中获益，促进了思政课程与其他学科的融合。

3.跨学科合作

高校思政教育鼓励教师之间的跨学科合作。不同学科领域的教师可以联合开展教学项目、研究课题等。通过跨学科合作，教师们能够互相借鉴专业知识和方法，将不同学科的视角和思考融入思政教育中，提升思政课程的全面性和深度。这种合作方式拓宽了思政教育的视野，使教师们能够更好地应对复杂多样的社会问题。

通过师资队伍的交流与合作，高校思政教育实现了教师之间的互相学习、资源共享和合作研究，进一步提升了教师的教学水平和专业素养。这种交流与合作不仅促进了思政课程的发展，也为学校教育整体水平的提高作出了贡献。同时，教师们通过交流与合作，不断拓宽自身的教学视野和教学方法，能够更好地应对新时代思政教育的需求和挑战。

二、高校课程思政建设的教师队伍建设的反思

（一）结构调整需更加精细

在教师队伍结构调整方面，还需更加精细地平衡各学科领域的思政教师数量，确保思政教育的全面覆盖和有效推进。

1.学科需求分析

开展全面的学科需求分析，了解不同学科领域对思政教育的需求和要求。通过调查研究、教师和学生的反馈等方式，确定各学科在思政教育中的重点内容和关键问题，为教师队伍的结构调整提供依据。

2.教师专业背景考量

在结构调整时，要考虑教师的专业背景与学科需求的匹配情况。不同学科领域的思政教育需要教师具备相关学科知识和专业背景，能够将思政教育与学科知识有机结合。因此，结构调整时需要综合考虑教师的学科专长，以确保思政教育的学科针对性和质量。

3.跨学科合作与交流

鼓励不同学科领域的教师之间开展跨学科的合作与交流。通过教师间的交流，可以促

进不同学科领域的思政教育互相借鉴、互相学习。这样的跨学科合作有助于增强教师队伍的整体素质，提高思政课程的综合性和深度。

4.教师培养与发展

针对不同学科领域的教师，提供相关的培训和发展机会，提升他们的思政教育教学水平和专业素养。培养具备跨学科思维和综合素养的思政教师，有助于解决结构调整中可能出现的学科知识缺失问题，使教师能够更好地开展思政教育工作。

5.监测和评估机制

建立监测和评估机制，定期评估和反馈教师队伍结构调整的效果。通过收集教师和学生的意见反馈，了解调整后的教师队伍结构对思政教育的影响，并根据评估结果进行必要的调整和改进。

通过精细平衡各学科领域的思政教师数量，可以实现思政教育的全面覆盖、学科融合、针对性与质量的提高，教学资源的共享与优化，以及满足和引导学生需求的目标，这将为高校课程思政建设提供良好的师资支持和教育环境。然而，需要注意的是，精细平衡教师队伍结构并非一蹴而就的过程，需要高校在实践中不断总结经验、不断调整改进，以适应不断变化的教育需求和学科发展的要求。同时，还需要加强与相关学科的合作与交流，建立跨学科的研究团队和教学团队，共同推进高校课程思政建设的进程。只有精细平衡的教师队伍结构，才能更好地培养学生的思想道德素养，推动高校课程思政建设的深入发展。

（二）培养机制需更加系统和持续

培养高素质思政教师的机制仍需进一步完善，建立更为系统和持续的培训体系，注重实践性和针对性的培训内容，确保教师的专业能力和素质提升能够持续跟进。

1.建立全面的培养计划

制订全面的培养计划，涵盖不同层次和阶段的教师培养需求，应包括新教师入职培训、中期培训和长期发展计划，确保教师的培养轨迹可以持续跟进，满足不同阶段教师的成长需求。

2.注重实践性培训

培养机制应注重实践性培训，将理论知识与实际应用相结合。教师需要通过实际教学、案例研究、教学设计等实践活动提升教学能力和教育方法。实践性培训可以帮助教师将所学知识应用到实际教学中，增强课堂操作能力和创新能力。

3.针对性的培训内容

培养机制应根据不同教师的需求和岗位要求，提供针对性的培训内容。新教师应注重基础理论知识和教学技能的培养；中级教师应注重教育研究和课程设计能力的提升；资深教师应注重教研能力和教学领导力的培养。培训内容应根据教师的发展需求和岗位要求个性化设置，以提升教师的专业素养和教学水平。

3.多元化的培训形式

培养机制应采用多元化的培训形式，包括课堂教学、研讨会、研究项目、学术交流等。

通过多种形式的培训活动，教师可以接触到不同的教学理念、方法和研究成果，拓宽视野，提高自身专业素养。

4.持续的教师发展机会

培养机制应提供持续的教师发展机会，鼓励教师参与学术研究、学科交流和学术会议等活动。教师可以通过参与学术研究项目、学科交流和学术会议等活动不断更新自己的知识和技能，与同行交流合作，拓展专业网络。此外，还可以设立专门的教师发展基金或奖励机制，鼓励教师参与继续教育和学术研究，提高其主动学习和发展的积极性。

通过全面的培养计划、实践性培训、针对性的培训内容、多元化的培训形式、持续的教师发展机会，可以不断提升思政教师的专业能力和素质，为高校课程思政建设提供有力支持。

（三）激励机制需更加灵活和多样化

激励机制应更加灵活和多样化，针对不同教师的需求和表现采取差异化的激励措施。除了绩效考核和薪酬激励，还可以考虑提供更多的晋升机会、专业发展计划、学术交流机会等，让教师在思政教育领域获得更多的发展空间和成就感。

1.差异化激励措施

针对不同教师的需求和表现，制订差异化的激励措施。不同教师在思政教育中可能有不同的特长和贡献，因而应根据其特点和贡献程度给予相应的激励奖励。例如，对教学优秀的教师，可以提供额外的奖金或奖励；对在思政教育研究方面有突出贡献的教师，可以给予学术荣誉或研究项目支持等。

2.晋升机会和职称评定

为教师提供更多的晋升机会和职称评定渠道，激励他们在思政教育领域不断成长和进步。制订明确的评定标准和评估体系，通过公开、公平的晋升机制，激发教师的积极性和创造力，鼓励他们在教学和研究中取得更高的成就。

3.专业发展计划

为教师制订个性化的专业发展计划，根据他们的兴趣、能力和职业目标提供相应的支持和资源。例如，提供研究经费、学术交流和参与学术会议的机会，支持教师开展教学研究和学术发表，进一步提升其在思政教育领域的专业水平和声誉。

4.学术交流和合作

鼓励教师参与学术交流和合作项目，与同行进行合作研究、教学互访和经验分享。通过与国内外知名高校、研究机构以及行业企业的合作，拓宽教师的视野，提升其学术影响力和专业声誉。为教师提供学术交流和合作的机会，既可以丰富其教学资源，又可以激发学术热情和创新能力。

通过优化教师队伍结构，建立完善的培养机制以及设计多样化的激励机制，可以不断提升思政教育的质量和效果，培养具有高素质、全面发展能力的思政教师，为培养德智体美劳全面发展的社会主义公民作出积极贡献。同时，教师队伍建设需要持续评估和反思，及时调整和改进策略，以适应时代发展和教育需求的变化。

第六章　高校课程思政建设的教材建设

第一节　高校课程思政建设的教材建设现状

课程思政是新时代高校思想政治工作的有效载体。各高校认真学习贯彻习近平总书记关于教育的重要论述和全国教育大会精神，多措并举推进课程思政建设。从课程建设的工具和成果——教材来看，这种探索和实践已有成效，但仍存在一些不足。

一、结合专业特点着力挖掘课程思政亮点

新时代高校课程思政建设中，教材的建设和开发需要结合专业特点，挖掘课程思政亮点，提高学生对思政教育的理解和认同。

（一）公共课中的课程思政亮点

1. 入学教育

入学教育是大学生涯的开端，它为学生提供了适应大学生活和社会发展的基础知识和指导。在编写入学教育教材时，可以突出强调学生的国家责任感、社会责任感和价值观培养，引导学生树立正确的人生观和价值观。

2. 心理健康教育

大学生心理健康问题日益突出，心理健康教育成为公共课程中的重要组成部分。教材可以融入现代心理学理论和实践，引导学生认识自我、管理情绪、建立健康的人际关系，提高心理适应能力和心理韧性。

3. 就业指导

就业指导是帮助学生顺利就业和适应职业生涯的重要环节。教材应该注重就业观念的培养、职业素养的提升和创业精神的培养，引导学生积极面对就业挑战，培养就业创业能力。

4. 体育教育

体育教育是培养学生身心健康的重要环节。教材可以将体育活动与团队精神、集体荣誉感和竞争意识相结合，培养学生团结协作、拼搏进取的精神，促进身心健康的全面发展。

（二）专业课中的课程思政亮点

1. 专业理论

在编写专业课教材时，可以将专业理论与时事热点相结合，探讨其背后的思想政治因

素和社会影响。通过分析和讨论，引导学生理解和应用马克思主义基本原理，提高对专业发展的认识和理解。

2. 实践环节

专业课程中的实践环节是培养学生实际操作能力和创新能力的重要环节。在教材中可以加入与思政教育相关的实际案例和项目，鼓励学生将专业知识应用于社会实践中，并引导他们思考专业技能与社会责任之间的关系。通过实践，学生可以深入了解社会问题，加深对马克思主义思想的理解，并在实践中培养责任感和使命感。

3. 行业前沿

教材应该关注专业领域的前沿发展和技术创新，引导学生关注科技进步对社会发展的影响。可以通过引入最新的科技应用案例、行业动态和科研成果，激发学生的创新思维，培养对科技发展的敏感性和应对能力。

4. 职业伦理

专业课程中的职业伦理教育是培养学生职业道德和职业素养的重要内容。教材应该引导学生认识职业道德的重要性，明确职业人士应具备的道德观念和行为准则。可以通过案例分析和伦理讨论，引导学生在专业发展中注重社会公益、尊重职业道德，树立良好的职业形象。

5. 跨学科整合

在教材编写过程中，可以鼓励不同学科的教师团队开展跨学科合作，将专业课程与思政教育相融合。通过跨学科整合，可以突出专业课程对国家发展、社会问题和人类命运的关联，帮助学生深入理解专业的社会意义和责任，从而增强思政意识。

教材应该注重公共课中的思政教育内容，突出学生的国家责任感、社会责任感和价值观培养。在专业课程中，教材应该将专业理论与时事热点结合，引导学生理解马克思主义原理和社会发展的关系。同时，教材应该注重实践环节的设计，培养学生的实际操作能力和创新能力。此外，教材还应关注行业前沿、职业伦理和跨学科整合，帮助学生从专业角度理解社会问题、关注科技创新，并树立良好的职业形象和价值观。

二、做好教材内容的取舍和平衡

近几年，大多数教师在编写教材时能主动、充分体现中国特色社会主义制度优势、社会主义先进文化、中国制造最新进展，在平时的科研和教学过程中也能留心收集与课程相关的课程思政素材。但从已出版的教材中也不难发现，一些教材的理论部分多由西方经典理论组成，且教材同质化程度高。

（一）教材内容的取舍和平衡

1. 教材理论部分的取舍

在教材编写中，针对教材的理论部分，教师需要取舍，平衡西方经典理论和中国特色社会主义理论的比例。虽然西方经典理论在一定程度上能够提供宝贵的思想启示，但应该将中国特色社会主义的理论体系作为教材的基础，并在此基础上有选择地引入适当的西方理论，使两者相互补充、相互交融。这样可以既传授学生必要的学科知识，又加强了对中国特色社会主义的理解和认同。

2.教材内容的平衡

教材编写需要在不同内容之间保持平衡，既要满足学科知识的传授，又要注重思政教育的融入。教师可以通过合理安排章节结构、设置适当的案例和讨论题目等方式，将学科知识与思政内容有机地结合。例如，在介绍专业知识的同时，可以引入相关的思政问题开展讨论，让学生在学习专业知识的同时思考其对社会发展和人类命运的影响。

3.深入挖掘理论和实践的联系

教师在编写教材时应该深入挖掘理论和实践的内在联系，突出理论与实践的有机结合。在理论部分，可以通过解读和分析经典理论，引导学生理解和应用马克思主义基本原理，理解社会发展的规律。在实践部分，可以通过案例分析、课题设计等方式，让学生将理论知识应用到实际问题中，培养学生的实际操作能力和创新能力。

4.引入中华优秀传统文化和先进理论

教材编写需要充分引入中华优秀传统文化和改革发展中总结凝练的先进理论。教师可以通过引用经典著作、名人名言等方式，将中国传统文化中的智慧和价值观融入教材中，让学生了解和体验中华优秀传统文化的博大精深。同时，应该将中国特色社会主义理论和实践中的成功经验和创新成果纳入教材，让学生对我国改革发展道路有更深入的理解。

（二）教材内容的深入挖掘

1.突出中国特色社会主义的制度优势

在教材编写中，应该充分体现中国特色社会主义的制度优势。这包括深入地解读和分析我国的社会主义制度、人民民主、法治建设、国家治理体系等方面。通过阐述这些内容，教材可以帮助学生理解中国特色社会主义制度的优势和独特性，增强对我国社会主义事业的自信和认同。

2.强调社会主义先进文化的传承与创新

教材应该注重介绍社会主义先进文化的传承和创新，包括中国传统文化的价值观、社会主义核心价值观等方面的内容。教师可以通过引用经典文献、名人名言等方式，让学生了解和感受中国特色社会主义文化的魅力和深远影响。同时，教材还应该关注当代社会主义文化的创新，引导学生关注当代艺术、文学、电影等领域中的先进文化成果。

3.引入中国制造的最新进展

随着中国制造业的快速发展，教材编写也应该及时反映中国制造的最新进展。教师可以引入一些典型的中国制造业创新案例，介绍中国在高铁、电子科技、新能源等领域取得的成就。通过介绍这些案例，可以让学生了解到中国制造业的实力和创新能力，培养学生对国家科技发展的自豪感和责任感。

4.增加思政素材的收集和运用

教师在平时的科研和教学过程中应该留心收集与课程思政相关的素材，包括政策文件、社会热点事件、名人演讲等方面的内容。教师可以将这些素材融入教材的案例分析、讨论题目等部分，让学生通过实际案例和讨论理解和应用思政知识，增强对思政教育的理解和认同。

三、着力提升教材的增值服务

在"互联网+"时代，学生获取知识的途径多种多样，教材资源实现"图书—电脑—手机"三者融合并不是新鲜事。通过扫描书上的二维码可以实现即时展示课件、音频、视频。这些具有强烈视觉冲击效果的新技术往往更能激发学生的学习热情。许多教师在融合课程思政教材中也添加了相应的微课资源。

（一）多媒体技术的应用

教材的建设可以充分利用多媒体技术，通过图书、电脑和手机等多种媒介形式，提供丰富的教学资源和学习体验。例如，教材可以通过二维码连接到在线课件、音频和视频等资源，使学生可以随时随地获取相关知识和辅助学习材料。这样的增值服务可以激发学生的学习兴趣和参与度。

1.技术设备和网络条件限制

多媒体技术的应用需要学生具备相应的技术设备和良好的网络条件。然而，在一些地区和学校，学生可能面临设备和网络资源不足的问题，无法充分利用教材中的多媒体资源。解决这个问题需要加大对基础设施建设的投入，提升网络环境和设备配备水平。

2.多媒体资源的质量和可靠性

教材中的多媒体资源应当具备高质量和可靠性，以确保学生获取准确、完整的学习资料。然而，目前一些多媒体资源质量参差不齐，内容准确性和可靠性有待提高。出版社和教材编写者应该加强对多媒体资源的审核和校验，确保其质量和可信度。

3.多媒体资源的更新和维护

随着知识和技术的不断更新，多媒体资源也需要及时的更新和维护。然而，目前教材中的多媒体资源更新不及时，存在一定滞后性。出版社和教材编写者需要建立健全更新机制，及时更新教材中的多媒体资源，以保持其时效性和有效性。

4.多媒体资源的多样性和个性化

学生的学习需求和兴趣多样化，对多媒体资源的需求也存在个体差异。教材建设应该考虑不同学生的需求，提供多样化和个性化的多媒体资源。这需要教材编写者具备多媒体资源的创作和设计能力，以满足学生的多样化学习需求。

5.版权和使用权限的管理

在利用多媒体资源时，需要合法获取并遵守版权和使用权限的规定。出版社和教材编写者需要严格管理多媒体资源的版权问题，确保学生在使用过程中遵守相关法律法规，不侵犯他人的知识产权。

除了以上措施，还应加强教师培训，提高他们在多媒体技术应用方面的能力。教师需要掌握多媒体资源的筛选、使用和评估技能，以有效地利用这些资源辅助教学。

通过解决多媒体技术应用存在的问题，教材建设可以更好地提供增值服务，满足学生多样化的学习需求，激发学生的学习兴趣和参与度，提高课程思政的教学质量和效果。这将有助于培养思想政治素质高、知识结构全面、创新能力强的新时代大学生。

（二）微课资源的融入

教材编写者可以将微课资源融入教材中，以提供更丰富的学习内容和体验。精心设计和制作的微课视频，可以生动展示相关知识点、实践案例和思政教育内容，增强学生的理解和认同。这种融入可以提高教材的吸引力和互动性，使学生更主动地参与学习过程。

1.资源选择和质量控制

教材编写者在选择微课资源时需要经过严格的筛选和评估，确保资源内容与教材的主题和目标相符。资源的质量也要得到保证，包括信息准确性、内容的权威性以及教学效果的有效性。然而，在现实中，资源的质量参差不齐，缺乏统一的质量标准和评估机制，学生容易接触到低质量或不适合的微课资源。

2.编写者的能力和时间限制

编写者需要具备一定的教学和创作能力，能够将微课资源有机地融入教材中。然而，教材编写者可能缺乏相关的培训和指导，不熟悉微课制作技术和教学设计，导致资源的制作质量参差不齐。此外，编写者的时间和精力也可能受限，难以充分投入到微课资源的制作中，影响资源的数量和质量。

3.教学与技术的结合难度

微课资源的融入要求教学和技术的有效结合，即教学内容的精准呈现和技术手段的恰到好处。然而，教师和教材编写者可能缺乏对多媒体技术的深入了解和应用能力，不清楚如何利用技术手段达到最佳的教学效果。此外，技术设备和软件的使用也可能存在一定的技术门槛，增加了教师和编写者的学习和应用成本。

4.更新和维护的挑战

微课资源的更新和维护是一个持续性的工作，需要不断更新和改进现有资源，并及时修复存在的问题。然而，由于教材编写者和出版社在微课资源的更新和维护方面缺乏长期的机制和人员配备，导致资源的更新速度较慢，难以及时满足学生的学习需求。

（三）出版社平台的完善

出版社可以完善教材配套的在线平台，提供更便捷的服务和交流渠道。该平台可以建立讨论社区，供学生和教师之间交流知识、分享心得和讨论问题。学生可以在平台上提出对教材内容和使用方法的评价和建议，出版社和教材编写者可以及时了解学生的反馈，从而不断改进和优化教材。

1.平台功能的丰富性

出版社平台应提供多样化的功能，以满足用户的不同需求。除了提供教材资源的下载和浏览功能外，还可以建立讨论社区、在线答疑平台、学习辅导资源等，促进学生和教师之间的互动和交流，提供更多的学习支持和辅导服务。

2.平台的易用性和用户体验

出版社平台应具备良好的用户界面和友好的操作体验，使用户能够方便地浏览、搜索和下载教材资源。同时，平台应具备响应式设计，适配不同的终端设备，如电脑、手机和平板电脑等，以方便用户在不同场景下的使用。

3.数据安全和隐私保护

出版社平台涉及大量的教材资源和用户数据，因而数据安全和隐私保护至关重要。出版社应采取合理的安全措施，加密用户数据，防止数据泄露和非法访问。同时，平台应明确用户隐私政策，保护用户的个人信息和隐私权益。

4.学生反馈的及时性和有效性

出版社平台应设立专门的反馈渠道，接收学生对教材内容和使用方法的评价和建议。出版社和教材编写者应及时关注和回复学生的反馈，根据学生的需求相应改进和优化，提高教材的质量和适用性，更好地满足学生的学习需求。

5.技术支持和更新维护

出版社应提供良好的技术支持，确保平台的稳定运行和及时的故障处理。同时，出版社应定期更新和维护平台，修复已知的问题和漏洞，增加新的功能和服务，提高平台的可靠性和用户体验。

（四）质量管理和监督机制

为了保证教材增值服务的质量和可靠性，需要建立相应的质量管理和监督机制。出版社可以设立专门的团队或委托专家审核和校验教材中的多媒体资源，确保其准确性和完整性。同时，出版社可以与技术供应商合作，建立长期的合作关系，确保多媒体技术的稳定和可持续发展。

1.质量标准的不统一和规范性缺乏

目前，针对教材增值服务的质量标准缺乏一致性和规范性。不同的出版社和教材编写者可能对教材的质量要求有不同的理解和侧重点，导致教材在内容准确性、学习体验和知识深度等方面存在差异。

2.审核和校验过程的不完善

教材中融入的多媒体资源需要审核和校验，以确保其准确性和完整性。然而，目前一些出版社在审核和校验过程中存在不足，可能缺乏对多媒体资源的全面审查，导致一些错误、失实或不完整的内容被纳入教材中。

3.监督机制的不健全和外部评估缺乏

目前，教材建设的监督机制相对薄弱，主要依靠内部的反馈和评估。缺乏独立的、客观的外部监督和评估机构，难以全面监督和评估教材的质量，从而无法及时发和纠正教材存在的问题。

4. 技术供应商的不稳定性和可持续性问题

教材增值服务离不开多媒体技术的支持，而技术供应商的不稳定性和可持续性可能影响教材的质量和提供的服务。例如，技术供应商的平台可能面临故障、维护更新不及时、技术支持不稳定等问题，导致教材的多媒体资源无法正常使用或存在风险。

5. 用户反馈渠道不畅通和问题反馈机制不完善

教材的最终用户，即学生和教师，对教材的质量和增值服务提出的意见和建议是非常宝贵的。然而，目前缺乏畅通的用户反馈渠道和有效的问题反馈机制，学生和教师难以及时将教材中存在的问题反馈给相关部门，限制了问题的及时发现和有效解决。

这些问题的存在可能导致教材建设的质量控制不够严格，教材中的多媒体资源存在不准确、不完整甚至错误的情况，影响教材的质量和可靠性。同时，缺乏规范的质量标准和监督机制，也导致了教材建设过程中的混乱和不规范现象的出现。

四、加强出版社与高校作者的合作

出版社在策划教材时，也很重视课程思政进教材，除了开办相关讲座专门培训，为老师讲解如何从教材的框架、具体内容着手开展顶层设计和选择思政落脚点，还尝试通过实训活动、线上互动平台等形式使课程思政更入脑入心。也有的出版社将课程思政的文本或视频作为教案提供给老师。

（一）教师角色认知不足

部分高校教师对自身职责的认知还停留在传授知识的层面，缺乏教育意识和思政教育的观念，他们更倾向于把自己定位为知识传递者，而不是思政教育的实践者。这导致了思政教育在教师的教学理念中的较低重视程度，也影响了教师在教材建设中的主动性和积极性。

首先，部分教师注重教授学科知识，忽视了思政教育对学生的价值引领和思想政治素养的培养。这种传统的教学观念使得教师在教材建设中更加偏重于知识的呈现和传递，而对思政教育的目标和内容关注不够，无法将思政要素融入教材的设计和编写中。

其次，教师在职业角色认知上存在局限性。他们往往将自己定位为教书育人的角色，将教育的重点放在知识传授和学科技能培养上，而对思想政治教育的深入实施和教学目标的达成缺乏足够的认知。这种认知不足导致了教师在教材建设中对思政教育的关注度不高，难以将思政教育的理念和要求贯彻到教材的各个环节中。

最后，教师在教育观念上的欠缺也是教师角色认知不足的体现。一些教师在教学中过于注重知识的灌输和记忆，忽视培养学生的思辨能力、创新能力和社会责任感等方面。他们往往缺乏对思政教育的深入思考，忽视了思政教育在学生综合素质培养中的重要作用，从而无法在教材建设中准确地体现思政教育的内涵和特点。

（二）缺乏前置联系

在教材建设过程中，出版社与作者之间的联系往往是在作者已经完成书稿之后才建立的。这种缺乏前置联系的情况导致了出版社对教材设计和思政要求的参与度不高，无法在教材初期的设计阶段指导和引导作者，以确保教材更好地体现课程思政的理念和要求。

1. 限制了出版社对教材初期设计的指导

由于缺乏前置联系，出版社无法在教材初期设计阶段提供及时的指导和建议。出版社可能对课程思政的理念和要求有一定的了解，但由于与作者的联系较晚，无法在教材的框架和内容设计阶段有效引导，这导致教材可能无法很好地体现思政教育的核心价值和目标。

2. 难以确保教材与课程思政的契合度

缺乏前置联系意味着出版社无法提前了解学校的课程思政要求和教学目标。作者在独立完成书稿后，出版社可能发现教材与课程思政的契合度不高，需要较大幅度地修改。然而，由于缺乏前期合作和沟通，作者可能不愿意或无法配合出版社的要求，这可能导致教材最终无法充分体现课程思政的要求。

3. 影响教材的针对性和实用性

前置联系的缺乏也使得出版社难以提供针对性的指导，帮助作者在教材中融入当下的社会热点、时事问题等内容。教材的针对性和实用性对培养学生的思政意识和社会责任感至关重要，但缺乏前期联系会导致这些要素在教材中的表现较为普遍和抽象，无法与学生的实际生活和社会现实相联系。

4. 难以确保教材的一致性和质量控制

缺乏前置联系可能导致教材在内容、风格和质量上存在较大的差异。每位作者都有自己的理解和表达方式，而缺乏出版社的及时指导和审查，教材的一致性和质量控制就变得困难。不同作者之间的差异可能导致教材在思政教育的价值观、观点一致性等方面存在偏差，进而影响学生对思政内容的理解和接受。

5. 无法及时纠正错误和不足

前置联系的缺乏可能导致错误或不足之处无法得到及时发现和纠正。教材一旦出版后，修改和改进将变得更加困难和耗时，从而可能影响到教材的质量和适应性。

6. 影响出版社对教材的市场反馈

缺乏前置联系使得出版社无法及时了解市场需求和读者反馈。当教材在市场上销售后，出版社才能获得来自学校和教师的反馈意见，但这已经是在教材最终形成后才得知的情况。这就限制了出版社对教材的市场调整和改进，无法根据市场需求及时修订和更新。

总之，缺乏前置联系令出版社与高校作者的合作产生了诸多问题，使出版社无法在教材设计的初期阶段提供指导和引导，影响教材与课程思政的契合度，限制教材的针对性和实用性，阻碍教材的创新性和前瞻性，影响教材的一致性和质量控制，阻碍错误和不足的及时纠正，以及限制出版社对教材的市场反馈和调整。为了解决这一问题，加强出版社与高校作者的前期合作和沟通显得尤为重要。

（三）缺乏合作意识和配合度

由于缺乏前期的合作和沟通，出版社难以对作者提出要求或建议，即使出版社希望作者大刀阔斧地改动书稿，也很难得到作者的配合。作者为了保证学校的教学计划和出版社的经济效益，可能倾向于将就出版，而不愿意较大幅度地修改。

1.缺乏共同目标和理念

出版社与高校作者之间缺乏共同的目标和理念，导致合作时的合作意识和配合度不足。出版社在关注教材的市场竞争力和经济效益的同时，也应该注重教材的思政教育价值和质量。然而，一些作者可能更关注教学计划的顺利完成和出版社的经济效益，因而在教材修改方面可能不愿意大幅度改动，导致合作双方的目标不一致。

2.缺乏沟通和合作机制

出版社与高校作者之间缺乏有效的沟通和合作机制，使得双方在合作中难以有效地交流和协商。缺乏沟通和合作机制可能导致作者不了解出版社的要求和建议，也无法及时传达自己的想法和困惑。双方缺乏有效的合作机制，难以达成共识，影响了合作的顺利进行。

3.利益冲突与妥协

出版社和高校作者在合作中可能存在利益冲突的情况，导致双方难以达成一致意见。出版社可能希望通过教材的改进和创新提升市场竞争力，而作者可能更关注教学计划的完成和教材的出版时间，双方在追求不同利益的过程中难以达成妥协，影响合作效果。

4.忽视出版社的专业建议

出版社作为专业的教材出版机构，具备丰富的经验和专业知识，可以提供对教材设计和内容的专业建议。然而，由于缺乏合作意识和配合度，一些作者可能对出版社的建议持怀疑态度或忽视其专业性，导致出版社的建议无法得到有效应用，影响教材的质量和教育效果。

5.缺乏共同的工作方式和流程

出版社与高校作者之间缺乏共同的工作方式和流程，使得合作缺乏规范性和效率性。出版社和作者之间在教材修改、审校和定稿等方面可能存在不同的工作习惯和要求，双方缺乏共同的理解和配合，导致合作难以顺利进行。

（四）质量要求与效益考虑的矛盾

出版社需要保证教材的质量和增值服务，以提升市场竞争力和经济效益。然而，在教材建设过程中，由于学校的教学计划和出版社的商业考虑，可能存在时间紧迫和经费限制等问题，导致出版社无法充分要求和引导作者开展更全面、深入的教材设计。

1.时间压力

在高校课程思政建设中，教材的编写和出版通常需要按照学校的教学计划进行，因而时间限制成为一个重要的考虑因素。出版社需要在规定的时间内完成教材的出版流程，以满足学校的教学需求。然而，这种时间压力可能限制了出版社与高校作者之间的充分合作和沟通，导致教材质量无法得到充分保证。

2.经费限制

教材的编写和出版需要经费投入，包括作者的稿酬、教材的制作与印刷等。在一些情况下，经费限制可能成为出版社与高校作者合作中的一个问题。出版社需要在经费有限的情况下完成教材的出版，因而可能会在教材设计和编辑过程中权衡和妥协，导致教材质量受到影响。

3.效益考虑

作为商业机构，出版社需要考虑教材的市场竞争力和经济效益。在教材建设中，出版社可能需要对教材开展市场分析和定位，以确保教材能够满足市场需求并取得良好的销售业绩。然而，这种效益考虑可能与教材的质量要求存在矛盾。出版社可能要调整教材设计和内容，以迎合市场需求和商业利益，而忽视了教材在思政教育中的深度和广度。

4.教材审核和审校压力

在教材建设过程中，出版社需要审核和审校教材，以确保教材内容的准确性和合规性。然而，由于时间紧迫和工作量大，出版社可能在教材审核和审校过程中存在一定的压力，导致教材质量无法得到充分保障。同时，作者对审核和审校的要求可能存在抵触情绪，进一步影响了合作的顺利进行。

5.市场竞争和多元需求

随着高校课程思政建设的不断推进，市场上出现了越来越多的教材供应商和教材。出版社需要考虑市场竞争的压力和多元化的教材需求，以满足不同学校和教育机构的需求。这种市场竞争和多元需求可能导致出版社调整和妥协教材设计和内容，以迎合不同学校的要求，但也可能使教材内容变得相对泛化和普遍化，缺乏个性化和深度思考的特点。

以上问题使得出版社与高校作者在教材建设过程中难以充分合作。时间压力和经费限制导致双方在教材设计和编辑过程中无法投入足够的时间和资源，限制了教材的质量提升。同时，出版社为追求经济效益和市场竞争力，可能在教材内容上调整和妥协，使得教材的思政教育特色和深度受到影响。此外，教材审核和审校压力以及市场竞争和多元需求也增加了合作的复杂性和难度，可能导致出版社和高校作者在教材建设过程中存在摩擦和分歧。

这些问题的存在影响了教材的质量和思政教育的效果。教材作为思政课程的重要教学资源，应当具备科学性、严谨性和深度思考的特点，以促进学生的思想教育和人文素养的提升。然而，由于合作中存在的问题，教材可能无法充分满足这些要求，从而影响学生的学习效果和教学质量。

（五）缺乏统一的教材建设标准

不同高校和出版社在教材设计和思政教育理念方面存在差异，导致教材的质量和内容参差不齐。缺乏统一的教材建设标准使得出版社和高校作者之间的合作更加困难，难以形成共识和顺利推进教材建设工作。

1.教材内容的差异

不同高校对课程思政的重点和内容有不同的强调。一些高校注重思想政治理论的传授和学术研究，而另一些高校更注重培养学生的思政能力和实践能力。这种差异使得不同高校的教材在内容选择和深度上存在差异，难以形成统一的标准和指导。

2.教材质量的参差不齐

由于缺乏统一的教材建设标准，教材的质量存在参差不齐的情况。一些教材可能在理论深度、案例分析和实践应用等方面欠缺，无法满足学生对思政教育的全面需求。而另一些教材可能过于理论抽象或者缺乏实践案例，无法使学生真正理解和应用思政知识。

3.教材风格的差异

不同出版社对教材风格和表达方式的要求也存在差异。一些出版社可能更注重教材的文字表达和逻辑结构，而另一些出版社更注重教材图文并茂和生动活泼的呈现方式。这种差异导致出版社与高校作者在教材风格上难以达成一致，影响了教材的整体品质和风格的统一。

4.教材评估标准的差异

在教材建设过程中，评估教材的标准也存在差异。不同高校和出版社对教材的评估重点和评判标准可能不同，这使得出版社与高校作者之间难以达成共识。缺乏统一的评估标准导致教材质量的评估和提升变得困难，无法确保教材能够真正满足学生的需求和思政教育的目标。

5.学科交叉的挑战

学科交叉的挑战：思政教育是一门综合性学科，需要融合多个学科的知识和理论。然而，在教材建设中，由于学科之间的界限和专业领域的差异，出版社和高校作者之间在跨学科融合方面存在困难。缺乏统一的教材建设标准和指导，使得思政教育的学科交叉性和综合性难以充分体现，教材可能偏重某一学科的内容，而忽视其他学科。

（1）教材更新和适应性的问题

在快速发展和变化的社会背景下，教材需要与时俱进并具有较强的适应性。然而，由于缺乏统一的教材建设标准，教材在更新和适应性方面存在问题。一些教材可能滞后于时代发展和思政教育的新要求，无法真正反映出新时代的思政教育理念和内容。而教材更新和适应性的缺失又影响了教材的质量和实用性。

（2）师资力量和专业知识的不足

在教材建设的过程中，出版社需要依靠高校作者的师资力量和专业知识。然而，一些高校作者可能缺乏系统的思政教育理论和实践经验，无法全面把握思政教育的本质和要求。这导致出版社在与高校作者合作时难以得到专业的指导和支持，影响了教材的设计和质量。

缺乏统一的教材建设标准、时间压力、经费限制、效益考虑，缺乏思政教育指导、缺乏统一的教材风格、教材评估标准，学科交叉的挑战以及教材更新和适应性的问题都是合作中常见的困难。这些问题影响了教材的质量、内容的全面性和深度性，以及思政教育的实际效果。

第二节　高校课程思政建设的教材建设策略

目前，教材在融入课程思政的过程中表现出的不足皆为内因导致，通过教材编写的主力军——教材编写者和出版社编辑充分发挥主观能动性都能得到提升。习近平总书记提出思政课改革创新应深刻把握"八个相统一"。这"八个相统一"为高质量教学把脉，也为高校教材融合课程思政指明了前进方向和实施路径。知易行难，但有了思想的引领，再加上勤于思考，勇于践行，一定能取得令人欣喜的成果。本节结合高校教师编写教材实际和出版工作实务谈一谈如何更好地实现课程思政进教材。

一、坚持学习，教育者先受教育

教师作为知识传授者和思政教育的实施者，需要不断学习和更新自己的知识理念，以提高教学质量和教材水平。

（一）学习新知识

教师应注重学习新知识，包括学科前沿的研究成果、新的思政理论和政策法规等。通过参加学术会议、研讨会、学术讲座等形式，了解和学习最新的学术动态和思政教育理念，不断充实自己的知识储备。

1.学科前沿的研究成果

教师应时刻关注所从事学科领域的前沿研究成果。这包括定期阅读学术期刊、研究论文，关注学科领域内的最新发展和研究成果。通过了解学科的最新理论、方法和应用，教师能够拓宽自己的学术视野，提高自己在学科领域的专业素养。

2.新的思政理论

教师应学习新的思政理论，不断更新对思政教育的认识和理解。这包括了解国家制定的新的思政教育方针、政策和法规，深入研究党的理论创新成果，关注社会主义核心价值观和时代精神等。通过学习新的思政理论，教师能够更好地理解和传达党的教育思想，指导学生正确树立世界观、人生观和价值观。

3.学术会议、研讨会、学术讲座

教师可以积极参加学术会议、研讨会和学术讲座，与同行专家和学者开展深入的学术交流。通过与他人的碰撞和思想的交流，教师可以了解最新的学术动态、学科发展趋势和研究前沿。参加这些活动还能够结识同行专家，建立合作网络，提高教学水平和教材编写的质量。

4.专业培训和研修

教师可以参加专业培训和研修班，系统学习新的思政理论和政策法规。这些培训和研修班通常由相关部门、高校或专业机构组织，提供系统的培训课程和学习资源。通过参与培训和研修，教师能够深入了解新的思政理念和政策法规，学习最新的教学方法和评估手段，提高自身的专业素养和教学能力。

通过以上策略，教师能够持续学习新知识，紧跟学科发展脚步，不断充实自己的知识储备和教育素养。这有助于提高教师的教学能力和教材编写的质量，使教育内容更加富有深度、广度和现实意义，进一步推动高校课程思政建设。同时，教师的学习也为学生提供了一个积极向上、追求知识的榜样，激励学生自主学习和全面发展。

（二）理论与实践相结合

教师不仅要学习理论知识，还要注重理论与实践相结合。通过实践教学和教学实践研究，教师能够更好地理解思政教育的实际需求和学生的实际情况，从而在教材编写中更加贴近学生的学习需求和实际应用。

首先，教师可以通过实践教学加深对思政教育的理解。实践教学是指将理论知识与实际操作相结合，通过实际案例、实地考察、实践活动等方式，使学生在实际情境中运用所学知识，提高学生的实际能力和解决问题的能力。教师可以积极参与实践教学活动，亲自指导学生实践操作，并结合实践经验深入思考和总结思政教育的理论知识。这样一方面可以使教师更加了解学生在实际操作中的需求和问题，另一方面也能够将实践中的案例和经验融入教材编写中，使教材更具实用性和针对性。

其次，教师还可以开展教学实践研究，将理论知识与实践经验相结合。教学实践研究是指教师通过教学实践的反思和研究，评估和改进自身的教学过程和教学效果的过程。教师可以结合自己的教学实践，深入研究思政教育的理论，探索有效的教学策略和方法，不断提高教学质量。在教材编写中，教师可以将自己的教学实践经验融入教材的案例分析、教学设计和教学评价中，使教材更加贴近实际教学情境，具有更好的可操作性和可应用性。

此外，教师还可以参与教学团队和教研活动，与同行交流与合作。教师可以加入学科教研组织、学术团队或参与学校组织的教研活动，与同行交流学习是教师专业成长的必经之路，而教师的学习过程不仅应涵盖学科知识的更新，还应将理论与实践相结合。这种理论与实践的结合不仅能够提高教师对思政教育的认识和理解，还能够使教材编写更加贴近学生的学习需求和实际应用。

（三）更新教材内容

教师在教材编写和修订过程中，应及时将学习到的新知识、新理念更新到教材中。通过参考最新的政策法规、学术著作和研究成果，教师能够提供更具时代性和权威性的教材内容，使教材与时俱进，符合新时代高校课程思政建设的要求。

首先，教师应不断关注政策法规的更新。随着社会的发展和变革，相关的政策法规也在不断调整和完善。教师应及时了解最新的政策法规，特别是与思政教育相关的法律法规、教育部文件和政府指导意见等。通过研读政策法规，教师能够深入了解国家对思政教育的要求和目标，将这些要求和目标体现在教材的编写中。同时，教师还可以引用相关法规和政策的案例和要点，为教材提供权威性和实践性的内容，帮助学生更好地理解和应用思政教育的原则和方法。

其次，教师应关注学术著作和研究成果的更新。学术界是思政教育理论和研究的重要阵地，教师应积极参与学术交流和研究活动，关注学科领域内的最新成果和研究动态。教师可以通过阅读学术期刊、参加学术会议和研讨会等方式，了解前沿的思政教育理论和研究成果。将这些新理论、新观点和新成果应用到教材编写中，可以为学生呈现更全面、深入和有针对性的思政教育内容。同时，教师还可以借鉴学术著作中的案例分析、实证研究和理论探讨，为教材提供丰富的实例和具体的分析，增强教材的可读性和实用性。

最后，教师还应及时反馈和借鉴教学实践的经验。在教学过程中，教师可以不断总结教学经验，评估教学效果，并及时将这些经验和评估结果反馈到教材的修订中。教师可以收集学生的反馈意见、教学评价和学习成果，借助教学反思和教学案例的方式，将教学实践中获得的经验教训和成功案例纳入教材中。通过反思教学实践，教师能够更好地发现教材存在的不足和不适应之处，并及时修订和更新，使教材更贴近学生的实际需求和学习情况。

（四）弘扬优秀文化

教师在教材编写中应注重继承和弘扬中华优秀传统文化和社会主义先进文化。通过融入中国共产党理论创新的最新成果和我国科学研究的最新进展，教师能够使教材具有更强的文化传承和思想引领功能，培养学生的民族自豪感和文化自信心。

首先，教师应注重中华优秀传统文化的继承和传承。中华优秀传统文化是中华民族宝贵的精神财富，具有悠久的历史和深厚的文化内涵。通过教材中的案例、故事、经典诗词等形式，引导学生了解和感受中华优秀传统文化的魅力。选取一些具有代表性的文化符号和传统价值观念，如儒家思想、道家哲学、佛教文化、中国古代诗词等，深入剖析其内涵和意义，并对比研究当代思想、价值观。通过深入讲解和解读传统文化，教师能够激发学生对传统文化的兴趣和热爱，增强他们对民族文化的自豪感和认同感。

其次，教师应关注社会主义先进文化的传承和引领。社会主义先进文化是当代中国的精神支柱，具有鲜明的时代特征。通过引用中国共产党理论创新的最新成果和我国科学研究的最新进展，将社会主义核心价值观与学科知识相结合，使教材具有更强的思想引领功能。选取一些典型的社会主义先进文化典范和典型事迹，如改革开放的杰出代表、创新创业的先进典型、助人为乐的感人事迹等，通过案例分析和讨论，引导学生学习先进事迹和模范人物的优秀品质和行为准则，培养学生的道德情感和社会责任感。

再次，教师还应注重教材的文化创新和艺术表达。通过教材的文化创新和艺术表达，更好地传递和展示优秀文化的内涵。运用多种形式和媒介，如图文并茂、音视频展示、情景模拟等，将优秀文化融入教材的编写和呈现中。通过生动有趣的教学内容和形式，激发学生的学习兴趣和参与度，让他们在学习中能够感受到文化的魅力和内涵。

最后，教师还可以组织学生参与文化活动和实践，加强对优秀文化的体验和理解。例如，组织学生参观文化遗址、博物馆、艺术展览等，让学生亲身感受和体验中华优秀传统文化和社会主义先进文化的独特魅力。同时，引导学生开展相关实践活动，如参与社会志愿服务、文化创作、传统技艺的学习等，让学生在实践中深入体验和理解文化的内涵，培养他们的文化自信心和创新能力。

教师在教材编写中弘扬优秀文化不仅是为了让学生了解和传承优秀文化，更重要的是通过文化的引领，培养学生的民族自豪感和文化自信心。优秀文化的传承和弘扬是高校课程思政建设中的重要内容，教师应发挥引导者和榜样的作用，通过教材的编写和教学实践，引领学生树立正确的文化观念，增强文化认同感，培养学生的综合素质和国际竞争力，为构建社会主义文化强国作出积极贡献。

（五）出版社的角色

出版社作为教材的主要承制方，也应肩负起培养教师的责任。出版社应定期组织编辑开展政治理论学习和思政相关业务知识培训，以提升出版社编辑的综合素质和专业能力。同时，出版社应严格执行教材的审核、审校和质量检查制度，确保教材内容的准确性和高质量。出版社可以与高校建立合作机制，邀请高校教师参与教材的编写和修订，充分利用其学科专业知识和教学经验，确保教材的学科融合和教学实践的有效性。

首先，出版社应该注重编辑的学习和培养。教育者先受教育，出版社编辑也需要不断学习新知识和理论，以适应新时代高校课程思政建设的要求。出版社应定期组织编辑开展政治理论学习和思政相关业务知识培训，使他们具备扎实的思政理论基础和丰富的专业知识。这样，出版社编辑才能更好地理解和把握高校课程思政建设的目标和要求，将其体现在教材的编写和修订中。

其次，出版社应建立与高校的合作机制。合作机制可以是长期稳定的合作关系，也可以是项目合作。出版社可以与高校建立合作框架协议，明确双方的合作内容和责任分工。例如，出版社可以邀请高校教师作为编委会成员，参与教材的编写和修订工作。高校教师具有学科专业知识和丰富的教学经验，他们的参与能够确保教材的学科融合和教学实践的有效性。同时，出版社还可以与高校教师开展课程教学研究和案例实践，获取最新的教学资源和经验，为教材编写提供参考和支持。

最后，出版社应建立严格的审核和质量检查制度。教材的内容准确性和高质量是教材建设的核心要求。出版社应组织专业人员审核和审校教材，确保教材的内容与时俱进、符合政策法规和学术要求。审核过程应包括对教材的理论基础、知识结构、语言表达等方面的检查。此外，出版社还应建立质量检查制度，定期检查和评估已出版的教材，以及时发现和纠正问题，提升教材的质量和可读性。

出版社在高校课程思政建设中还应积极开展教材建设研究，以不断提升教材的质量和适用性。设立专门的教材研究团队，组织研究和探讨教材编写过程中的关键问题。通过与高校、研究机构和教育专家的合作，出版社可以获取更多的教材建设经验和理论指导，将其应用于实际教材的编写和修订中。

出版社还应与教师和学生密切沟通和反馈，以了解他们的需求和意见。教师和学生是教材的主要使用者，对教材的质量和实用性有着直接的体验和感受。出版社可以通过调查问卷、座谈会、专家讲座等方式，收集教师和学生对教材的反馈意见，了解他们对教材内容、结构和教学方法的期望和建议。根据反馈意见，出版社可以及时修订和改进，使教材更贴近教学实际和学生需求。

出版社还可以利用现代技术手段，创新教材的形式和表达方式。随着信息技术的发展，数字化教材、多媒体教材和在线资源已成为教学的重要组成部分。出版社可以整合各类数字资源，为教材提供丰富的补充材料和互动学习工具，使教材更加生动有趣，提高学生的学习积极性和参与度。此外，出版社还可以开发教材配套的电子学习平台和在线交流社区，为教师和学生提供更便捷的教学资源和学习支持。

通过培养编辑、建立合作机制、执行严格的审核和质量检查制度，以及开展教材研究和利用现代技术手段，出版社能够为高校思政教育提供优质的教材资源，助力教师培养德智体美劳全面发展的社会主义建设者和接班人。同时，出版社也应持续关注教学实践和用户反馈，不断改进和创新教材，以适应不断变化的教学需求和学生特点。此外，出版社在教材编写中应紧密结合高校课程思政建设的目标和要求，注重思想性、针对性和实践性的统一，确保教材内容的科学性和系统性。

二、打破学科壁垒，由上至下打造精品教材

高校应成立课程思政教材编写指导小组，统筹安排各专业资源，为有意愿、有能力、有新思路编写教材的各学科教师提供便利和支撑，从学校层面对各学科课程思政教材提供建设方案，触发各学科课程思政教材建设形成协同效应，提高教材的科学性、实用性、趣味性，更好地推进课程思政进课堂、进教材，构建学校的课程思政体系。与此同时，出版社也应加强与高校的沟通协作，主动深入高校，利用自身专业优势，或从出版社擅长的学科入手，与高校建立战略合作。

（一）高校教师群体的特点与需求

近年来，高校招生规模的增长导致青年教师的比例逐渐增加。这些青年教师虽然缺乏丰富的教学经验，但具有新观念、专业素质高、创新意识强等特点。然而，由于受限于自身能力短板，一些青年教师在教材编写过程中面临困难。例如，缺乏绘图、视频制作等技能，限制了他们将知识以多媒体形式传达给学生的能力；另外，一些教师希望在教材中加入传统文化或政策理论相关内容，但对这些领域的阐述和溯源缺乏把关的能力。

1. 青年教师的新观念和专业素质

青年教师是高校教师群体中的新生力量，他们具有新观念和专业素质，对教育教学具有独特的认知和理解。相比于传统教学方式的束缚，青年教师更加开放和包容，更愿意尝试新的教学方法和策略，更关注学生的全面发展，注重培养学生的创新能力和批判思维，通过引入案例分析、讨论课、小组合作等教学方式，促进学生的主动参与和合作学习。这种新观念

和专业素质的特点使得青年教师在教材编写中能够有更多创新思路和新颖的教学内容。

2.青年教师的创新意识和实践经验

青年教师具有较强的创新意识和实践经验，他们积极探索教学改革的路径，不断尝试新的教学方法和教学工具；关注教育前沿的研究成果，通过教学实践将理论与实际相结合，注重培养学生的实践能力和解决问题的能力。在教材编写中，青年教师能够充分利用自身的创新意识和实践经验，将教学实践案例融入教材内容，使学生更好地理解和应用所学知识。

3.青年教师在多媒体教学方面的挑战与需求

随着多媒体技术的迅速发展，教育教学领域也逐渐引入多媒体教学的方式。然而，青年教师在多媒体教学方面面临一些挑战。在教材编写过程中，青年教师需要提升自己的多媒体教学能力，学习相关的制作工具和技术，或者与其他具备相关技能的教师合作，共同完成教材中多媒体内容的制作和设计。

此外，高校还可以建立教师互动交流平台，鼓励青年教师之间的合作和经验分享。青年教师可以相互借鉴和学习，共同攻克教材编写中的难题。这种互助交流平台可以通过教研组、教学研讨会、在线论坛等形式实现，提供一个开放、自由的交流平台，让青年教师能够相互启发和促进，共同提高教材编写的水平和质量。

（二）打破学科壁垒的重要性

为了充分发挥青年教师的创新潜力和专业特长，高校应该打破学科壁垒，改变教材编写由课程教师包办的模式。建立课程思政教材编写指导小组，统筹安排各专业资源，为有意愿、有能力、有新思路编写教材的各学科教师提供便利和支持，从学校层面对各学科课程思政教材提供建设方案。通过协同合作，各学科之间可以相互借鉴、互相促进，形成协同效应，提高教材的科学性、实用性和趣味性。这种跨学科合作的模式有助于将不同领域的专业知识和思政教育有机结合，促进学生综合素养的培养。

首先，打破学科壁垒有助于充分发挥青年教师的创新潜力和专业特长。在传统的教材编写模式中，通常由各个学科的课程教师单独负责编写，缺乏跨学科合作的机会。然而，青年教师由于接受过最新的教育理念和教学方法的培训，具有新观念、专业素质高、创新意识强等特点，可能拥有丰富的多媒体技术运用经验、良好的文化背景或对政策理论的独到见解。通过打破学科壁垒，组织不同学科的教师共同参与教材编写，可以发挥青年教师的优势，提供新颖的教学思路和多样化的教学资源。

其次，打破学科壁垒可以促进跨学科教育的发展。传统的教材编写往往过于强调各个学科的专业知识，难以实现不同学科之间的融合和交叉。然而，现实世界中的问题和挑战往往是复杂的，需要多学科的知识和综合思维能力。通过打破学科壁垒，各学科的教师可以在教材编写中相互借鉴和合作，将各自学科的专业知识和思想融入教材中，培养学生的综合素养和跨学科思维能力。

最后，打破学科壁垒有助于提高教材的科学性、实用性和趣味性。不同学科的教师拥有各自领域的专业知识和教学经验，可以相互交流和学习，从而在教材编写过程中获得更全面、更准确的知识支持。通过跨学科合作，教材可以更好地融合各学科的专业特长，使教学内容更具科学性和实用性。此外，不同学科的教师可以带领不同的视角和教学方法，为教材注入趣味和活力，使学生更加愿意主动参与学习。

最重要的是，打破学科壁垒能够培养学生的综合素养。传统的学科教育注重学生对特定学科知识的学习和掌握，但难以满足学生全面发展的需求。通过打破学科壁垒，教材编写可以更好地融合人文社科、自然科学和技术应用等不同学科的内容，培养学生的综合素养和跨学科能力。学生在接触到不同学科的知识和观点时，能够更好地理解和应用，拓宽视野，培养系统思维和综合分析能力。这种综合素养的培养对学生未来的学习、工作和社会参与都具有重要意义。

（三）高校的角色与责任

高校在教材建设中应扮演重要角色，需成立专门的课程思政教材编写指导小组，负责协调各学科之间的合作与交流。这个指导小组可以由思政教育相关部门的专家组成，提供指导和支持，帮助教师们解决教材编写中的难题，并提供相关培训和培养计划，提升教师的编写能力和创新意识。

1. 成立课程思政教材编写指导小组

高校应设立专门的指导小组，由思政教育相关部门的专家组成。这个指导小组的职责是协调各学科之间的合作与交流，提供教材编写的指导和支持，确保教材的科学性和实用性，与教师密切合作。

2. 促进学科间的交流与合作

高校可以组织学科间的交流活动，如学术研讨会、教学经验分享会等，为教师提供一个跨学科交流的平台。通过学科间的合作与交流，教师们可以借鉴其他学科的教学方法和经验，拓宽思路，提升教材的质量和创新度。

3. 提供培训和支持

高校应该为教师提供相关培训和支持，帮助他们掌握多媒体制作、教学设计等技能。这样，教师们可以更好地运用多媒体技术和创新教学方法，将思政教育融入到课程中，使教材更加生动有趣，激发学生的学习兴趣。

4. 建立评估机制

高校应建立教材编写的评估机制，评估和审核编写的教材。评估机制可以包括教材内容的准确性、逻辑性和教学实践的有效性等方面，以确保教材的质量和教学效果。

5. 与出版社的沟通协作

高校和出版社应加强沟通与协作，建立战略合作关系。高校可以与出版社共同制订教材建设的计划和方案，分享教学资源和教材编写的经验，充分利用出版社的专业优势和资源，共同推动教材的创新和改进。

通过以上的角色和责任扮演，高校可以推动高校课程思政建设中的教材建设，打破学科壁垒，由上至下打造精品教材。

（四）出版社与高校的沟通协作

出版社在高校课程思政教材建设中发挥着重要的作用。为了促进教材建设的质量和效果，出版社应主动深入高校，与高校建立战略合作关系。

1.战略合作

出版社应与高校建立长期的战略合作关系，以实现教材建设的共同目标。双方可以签订合作协议，明确各自的责任和任务。出版社可以提供专业的教材编辑团队和技术支持，为高校教师提供培训和指导，提升其教材编写能力。同时，高校可以为出版社提供学术研究成果和教学案例，为教材的内容提供丰富的资源。

2.深入调研

出版社应主动深入高校，与教师和学生面对面交流和调研。通过参观课堂、座谈会和问卷调查等方式，了解教师对教材的需求和学生对教学内容的理解和反馈。深入调研可以帮助出版社更好地把握教材的定位和内容选择，提高教材的针对性和实用性。

3.教材修订和改进

出版社应定期与高校开展教材的评估和修订工作。通过与教师和学生的反馈意见，出版社可以及时了解教材存在的问题和不足之处，组织专家和教师开展讨论和研讨会，修订和改进教材，确保教材的内容准确、科学、全面且与时俱进。

4.教材推广和营销

出版社应与高校合作开展教材的推广和营销。出版社可以利用自身的营销网络和渠道，将教材推广到更广泛的受众群体中。与高校合作可以提升教材的知名度和认可度，增加教材的销售量。出版社可以与高校共同举办教材推广活动，如教材展示、学术研讨会和教师培训班，以增强教材的影响力和市场竞争力。

通过出版社与高校的密切沟通协作，可以充分利用双方的资源和优势，提高教材的质量和教学效果。这种合作模式有助于确保教材建设的专业性和实用性，使教材更好地满足学生的学习需求和教师的教学需求。

三、内容突出本土特色

通过突出本土特色，教材可以更好地贴近学生的实际生活和文化背景，增强学生的认同感和归属感，提高教材的吸引力和实效性。

（一）融入中华优秀传统文化

教材编写时应充分挖掘中华传统文化的当代价值，并将其融入教材的内容中。通过引用古代哲学家、文学家、历史人物的名言警句，介绍传统文化中的智慧和道德观念，引导学生了解和尊重传统文化的重要性。同时，可以结合具体案例和实践活动，让学生亲身体验传统文化的魅力，培养学生对传统文化的兴趣和热爱。

1.引用古代哲学家、文学家、历史人物的名言警句

教材编写中可以通过引用诸如孔子、孟子、老子等古代哲学家的名言警句，让学生接

触到传统文化中的智慧和思想，从而引发对道德观念和价值观念的思考。例如，可以引用孔子的"己所不欲，勿施于人"，引导学生思考道德行为和个人责任。

2.介绍传统文化中的智慧和道德观念

教材中可以详细介绍传统文化中的智慧和道德观念，如儒家思想中的仁、义、礼、智等核心价值观念。通过解读和讨论这些观念，学生可以了解传统文化对道德修养和社会交往的重要性，并将其应用到实际生活中。

3.结合具体案例和实践活动

为了让学生更好地体验传统文化的魅力，教材可以结合具体案例和实践活动开展教学。例如，组织学生参观古代建筑、举办传统文化体验活动，让学生亲身感受传统文化的历史沿革、艺术表现形式和精神内涵，从而增强学生对传统文化的认同感和情感共鸣。

4.培养学生对传统文化的兴趣和热爱

通过教材的设计和教学活动的安排，可以培养学生对传统文化的兴趣和热爱。例如，通过讲授中国传统音乐、书法、绘画等艺术形式，激发学生的审美情感和创造力；通过讲述中国古代的历史故事和传说，引发学生对传统文化的好奇心和探索欲望。

（二）反映思想文化建设最新成果

教材应及时反映思想文化建设的最新成果和新进展，体现时代特点和学科前沿。引用新时代中国特色社会主义思想的相关论述，介绍党的最新政策和理论成果，让学生了解国家发展的方向和目标，培养学生的家国情怀和社会责任感。

1.介绍党的最新政策和理论成果

高校课程思政教材应紧密联系国家发展的方向和目标，及时反映党的最新政策和理论成果。教材可以涵盖中央文件、党内刊物等，介绍新时代中国特色社会主义思想在不同领域的具体实践和政策导向，让学生了解党的领导力量对国家建设和社会发展的引领作用。

2.分析思想文化建设的最新成果

思想文化建设是社会主义现代化建设的重要组成部分，也是高校课程思政教育的重要内容。教材可以分析和介绍思想文化建设的最新成果，包括哲学、社会科学、文学艺术、传媒与传播等领域的研究成果。通过引入前沿学术观点和研究成果，激发学生的思辨能力和创新思维，培养他们对时代变革的敏感性和应变能力。

3.强调学科前沿和学术进展

高校课程思政教育应紧跟学科发展的前沿和学术进展。教材可以引入相关学科的最新研究成果、学术讨论和重要学者的观点，如政治学、经济学、法学、社会学等，帮助学生了解学科的最新动态和研究进展，拓宽知识视野，培养批判思维和创新能力。

4.结合实际案例和实践活动

为了加深学生对思想文化建设最新成果的理解和应用，教材可以结合实际案例和实践活动开展教学。通过引入典型案例和实际问题，让学生在实践中思考和应用相关理论成果，培养实际能力和解决问题的能力。例如，组织学生参观相关展览、参与社会实践活动，或者开展小组研讨和讲座，以促进学生对思想文化建设最新成果的深入理解和实践运用。

5.多媒体教学手段的运用

在教材建设中，可以充分利用多媒体技术和资源，以生动形象的方式展示思想文化建设的最新成果。通过图文并茂、音视频等多媒体形式，呈现相关理论和实践案例，激发学生的学习兴趣，提升对内容的理解和记忆。同时，也可以借助互联网平台和在线资源，让学生参与到学科前沿的学术讨论和研究中，积极探索和分享相关知识和经验。

6.与学科融合的教学模式

思政教育可以与其他学科融合，形成交叉学科的教学模式。通过与相关学科的合作，将思想文化建设的最新成果融入到具体的学科领域中，使学生在学习学科知识的同时，能够理解和应用相关的思想文化成果。这样有助于提高学生对思政教育内容的综合把握和实践运用能力。

通过引用新时代中国特色社会主义思想的相关论述、介绍党的最新政策和理论成果，分析思想文化建设的最新成果，强调学科前沿和学术进展，结合实际案例和实践活动，运用多媒体教学手段，并与学科融合的教学模式，可以使教材内容更加丰富、具有时代特点，引领学科前沿，培养学生的家国情怀和社会责任。

（三）喜闻乐见的呈现形式

教材的呈现形式应符合学生的审美和阅读习惯，使其更易于理解和接受。运用多媒体技术，结合图表、插图、漫画等形式，生动地展现思政教育的内容。同时，可以引入互动性的学习活动和案例分析，激发学生的积极参与和思考，提高教材的趣味性和互动性。

1.图表和漫画的运用

通过图表、漫画等形式，将抽象的概念和内容以直观、生动的方式呈现给学生。图表可以帮助学生更好地理解和记忆教材中的数据和关系，而漫画则可以通过形象的角色和情节，引发学生的兴趣和思考。例如，在解释复杂的社会问题时，可以使用统计图表和数据可视化，让学生更清晰地了解问题的本质和影响。

2.互动性学习活动

教材中可以设计互动性的学习活动，如问题解答、小组讨论、角色扮演等，让学生积极参与其中。通过互动性活动，学生能够主动思考和表达自己的观点，从而增强对教材内容的理解和记忆。例如，在讨论伦理道德问题时，可以给学生提供不同的情景和立场，让他们角色扮演或开展辩论，从而培养他们的思辨能力和团队合作能力。

3.案例分析和实践活动

教材中可以引入具体的案例分析和实践活动，让学生将知识应用到实际情境中。通过讲述真实的案例和问题，学生能够更加深入地理解和掌握教材中的观念和原则。同时，通过实践活动，如模拟实验、社区调研等，学生能够亲身体验和实践思政教育的内容，增强实际操作能力和问题解决能力。

4. 教材的分层次和模块化设计

为了使教材更易于理解和阅读，可以分层次和模块化地设计内容。将内容按照主题或知识点分类，每个模块都有清晰的标题和导读，让学生可以有针对性地选择学习和复习。此外，每个模块的内容可以相对独立，使学生能够更灵活地组织学习进程，并可以根据自身需要重点学习。

5. 视频和网络资源的利用

利用网络和在线资源，可以引入丰富多样的视频、音频、文章等素材支持教材的呈现。学生可以通过观看短视频、听取专家演讲、阅读相关文章等方式进一步拓宽知识面和了解最新的思想文化建设成果。这种多样化地引入资源能够丰富学生的学习体验，使他们能够从不同角度深入理解和思考教材内容。

6. 案例和故事的运用

教材中可以融入生动有趣的案例和故事，用具体的例子和情节说明抽象的概念和理论。通过真实的案例和生动的故事，学生可以更好地理解和记忆教材中的内容，并将其与实际情境联系。这种情节化的呈现方式能够吸引学生的注意力，并促使他们主动思考和分析。

总之，为了使高校课程思政教材内容更加喜闻乐见，教材的呈现形式需要符合学生的审美和阅读习惯。通过图表和漫画的使用、互动性学习活动的设计、案例分析和实践活动的引入，以及分层次和模块化的设计，教材可以更好地激发学生的兴趣，提高教学效果，使学生更加愿意学习和探索思政教育的内容。

（四）引导学生树立正确的价值观

教材应通过具体案例和实践引导学生树立正确的价值观。结合社会主义核心价值观，引导学生树立正确的世界观、人生观、价值观，培养学生的社会责任感和公民意识。同时，通过介绍优秀的学生党员和社会主义事业的先进典型，激励学生向优秀的榜样学习，努力成为德智体美劳全面发展的社会主义建设者。

1. 引入社会主义核心价值观

教材应引入社会主义核心价值观，如富强、民主、文明、和谐、自由、平等、公正、法治、爱国、敬业、诚信、友善等，通过具体案例和实践活动，引导学生了解和理解这些价值观的内涵和重要性。结合时事热点、社会问题等，引发学生对价值观的思考和探讨。

2. 实践活动的设计

教材可以设计一系列的实践活动，让学生亲身参与社会实践，了解社会现实和问题，并通过实践活动的反思和总结，引导学生形成正确的价值观。例如，组织学生参与公益活动、社区服务、环保行动等，培养他们关心他人、关爱社会的意识和行动。

3. 先进典型的介绍

介绍一些优秀的学生党员和社会主义事业的先进典型，如先进大学生、杰出校友等，通过他们的事迹和精神激励学生向优秀的榜样学习。这些先进典型的故事和经历可以让学生感受到正确的人生追求和价值追求，激发努力向上的动力。

4.道德教育的融入

教材应该融入道德教育的内容，通过讲授和讨论一些具体的道德问题和伦理案例，引导学生树立正确的道德观念和行为准则。介绍一些道德模范和道德典故，让学生了解到优秀的道德品质对个人和社会的重要作用。

5.学科交叉和综合性实践活动

教材可以结合不同学科的知识和内容，开展综合性实践活动，引导学生全面发展和综合思考。通过跨学科学习和实践，学生可以更好地理解社会的多样性和复杂性，培养开放的思维和包容的态度。例如，可以组织跨学科的团队项目，让学生在团队合作中解决现实问题，同时考虑社会、环境、经济等多个因素，培养学生的综合能力和综合价值观。

6.引导学生参与公共事务

教材可以引导学生积极参与公共事务，如社团活动、学生自治组织、社会调研等，让学生亲身体验社会的复杂性和多样性。通过参与公共事务，学生可以感受到自己的影响力和责任感，培养公民意识和社会责任感，树立正确的社会价值观。

7.鼓励学生开展思辨

教材应鼓励学生开展思辨，培养他们独立思考和判断问题的能力。通过讨论课、辩论赛、论文写作等形式，引导学生针对思政教育中的重要问题展开深入思考和探讨，从而形成自己的独立见解和正确的价值观。

8.注重情感教育

教材应注重情感教育，通过故事、诗歌、影视等形式，激发学生的情感共鸣和情感体验，引导学生培养关爱他人、感恩社会的情感品质。情感教育可以培养学生的情商和情感智慧，帮助他们理解自我和他人的情感需求，建立积极的人际关系和社会关系。

通过以上策略，教材可以引导学生树立正确的价值观，培养其社会责任感和公民意识。教材的设计应注重实践和案例的引入，以及学科交叉和综合性实践活动的开展，激发学生的参与和思考。同时，情感教育和先进典型的介绍可以让学生产生情感共鸣和学习榜样的动力。多样化的教学形式和互动性的学习活动，可以增加教材趣味性和互动性，提高学生的学习积极性和兴趣，进一步促进学生树立正确的价值观。

四、加强教材增值内容的审查和维护

教材建设的一个重要策略是加强教材增值内容的审查和维护，确保其质量和有效性。

（一）重视核心纸质内容

尽管微课资源是对教材纸质内容的有益补充，但核心纸质内容仍然是教材的基石。出版社编辑和作者在编写教材时应该权衡是否添加微课内容，以及微课的比例。要确保纸质内容的质量和内容的价值性，避免纸质和微课之间的重复。

（二）加强对微课资源的审查

出版社和作者应加强对微课资源的审查和把关工作。对添加到教材中的思政微课资源，应审查其与教材内容的紧密联系以及政治导向的正确性。确保微课形式与内容相匹配，避免形式大于内容的情况发生。

（三）及时更新微课资源

在教材使用过程中，如果发现错误或有新的知识理论，出版社和作者应在内容审查后，及时更新微课视频，确保教材的增值内容与最新的知识和理论保持同步，提供给学生最准确、最新的学习资源。

（四）配备专职网络管理人员

出版社应配备专职的网络管理人员，负责教材增值内容的维护和管理。网络管理人员应定期监测教材使用平台的稳定性，修复可能存在的漏洞，并确保网络空间的安全性。这样可以保证学生在使用教材增值内容时的顺畅体验和信息安全。

（五）增加读者反馈通道

出版社可以在教材的版权页或封底等明显位置放置官方二维码，为读者提供反馈通道。读者可以通过扫描二维码提供评价和建议，出版社及时收集并回应读者反馈。这样可以促进教材的改进和完善，提高教材质量和读者满意度。

（六）科技助力教材建设

出版社应与作者携手合作，充分利用科技手段，真正将"互联网+"新形态教材做好做精做优。利用现代科技手段，如人工智能、虚拟现实等技术，为教材建设提供支持和创新。例如，可以利用人工智能技术实现个性化学习推荐，根据学生的学习兴趣和水平，为其推荐适合的教材内容和学习资源；还可以利用虚拟现实技术创建沉浸式的学习环境，让学生在虚拟场景中亲身体验和实践。这些科技手段的应用可以提升教材的吸引力和教学效果，激发学生的学习兴趣和积极性。

（七）定期更新教材版本

随着思想文化建设的新成果和新进展不断涌现，出版社和作者应定期更新教材版本。跟踪最新的研究成果、政策变化和社会发展动态，及时调整和更新教材内容，保持其时代性和权威性，确保教材与时俱进，与学生的实际需求相匹配。

（八）提供多样化的学习资源

教材建设不仅要注重增值内容的审查和维护，还应提供多样化的学习资源。除了微课资源，还可以提供在线课程、电子书籍、学习社区等形式的学习资源，以满足学生多样化的学习需求，扩展教材的辅助功能，提供更丰富、更便捷的学习体验。

（九）评估教材的使用情况

出版社和作者可以收集学生和教师的反馈意见，评估教材的使用情况。通过问卷调查、访谈等方式，了解教材在实际教学中的效果和存在的问题，以便改进和优化，以实现教材建设的循环改进，不断提升教材的质量和适用性。

第七章　高校课程思政建设的创新模式探究

第一节　高校课程思政建设的创新模式现状

一、高校课程思政建设创新的必要性

（一）适应时代发展

随着社会的快速变化和发展，新时代对高校毕业生的要求也在不断提升。创新的思政教育模式可以使学生更好地适应时代发展的需求，培养具有创新精神、批判思维和创造能力的人才。

1.反映社会变革

随着科技、经济、文化等领域的飞速发展，社会结构、价值观念和社会问题也在不断演变。创新的思政教育模式能够及时反映这些社会变革，使教育内容与时代潮流相契合，帮助学生理解和适应社会的新变化。

2.培养创新精神

新时代对人才的需求越来越注重创新能力和创业精神。创新的思政教育模式能够激发学生的创新思维，培养他们的创新意识和创新能力，使其具备面对未来挑战的能力和勇气。

3.培养批判思维

新时代面临着复杂多变的问题和挑战，需要学生具备批判思维和分析能力。创新的思政教育模式可以通过引入案例研究、辩论讨论等教学方法，培养学生的批判思维，让他们能够理性思考问题、独立分析现象，并形成自己的观点和主张。

4.培养创造能力

新时代强调创造力的重要性，而传统的思政教育模式往往过于注重理论知识的灌输，缺乏培养学生创造能力的机会。创新的思政教育模式可以通过实践项目、创新设计等活动，激发学生的创造力和创新潜能，使其能够在实际工作中提出新的解决方案和创意。

5.促进终身学习

新时代要求人才具备终身学习的能力，不断适应和更新知识。创新的思政教育模式可以培养学生的自主学习能力和信息获取能力，让他们具备自我学习的动力和能力，以应对不断变化的社会和职业要求。

总之，高校课程思政建设的创新模式对适应时代发展至关重要。它能够帮助学生把握时代的脉搏，了解社会的发展趋势和变化，培养具备应对挑战和变革的能力。通过创新的思政教育模式，高校可以更好地满足时代对人才的需求，培养具有创新精神、批判思维和创造能力的学生，为社会的发展作出积极贡献。

（二）培养全面发展的人才

传统的思政教育注重理论知识的传授，但现代社会对高校毕业生的要求不仅仅是掌握理论知识，更重要的是培养学生的综合素质和实践能力。创新的思政教育模式可以通过多元化的教学方法和内容，培养学生的创新思维、团队合作、沟通能力等综合素养，使其成为具备全面发展能力的人才。

首先，创新的思政教育模式注重培养学生的创新思维。现代社会对创新的需求日益增加，创新能力已成为衡量人才素质的重要标准。传统的思政教育模式往往偏重于知识的灌输和死记硬背，无法激发学生的创新潜能。而创新的思政教育模式可以通过引入案例研究、实践项目等活动，培养学生的创新意识和解决问题的能力，让他们能够在实际工作中提出新的解决方案和创意。

其次，创新的思政教育模式重视培养学生的团队合作和沟通能力。现代社会强调团队合作和协作能力，而传统的思政教育模式往往将学生置于被动接受知识的角色，缺乏与他人合作的机会。创新的思政教育模式可以通过小组讨论、团队项目等形式，促进学生之间的互动和合作，培养团队协作精神和沟通能力，使其能够在团队工作中发挥积极的作用。

再次，创新的思政教育模式注重培养学生的实践能力和应用能力。传统的思政教育往往偏重于理论知识的传授，忽视了培养学生将所学知识应用到实际问题中的能力。然而，现代社会对高校毕业生的要求是能够解决实际问题，应对实际挑战。创新的思政教育模式可以通过实践项目、实习经验等方式，让学生接触真实的社会问题，培养实践能力和应用能力，使其能够在实际工作中胜任各种职务。

最后，创新的思政教育模式注重培养学生的自主学习和终身学习的能力。在当今社会，知识的更新速度极快，高校毕业生需要具备终身学习的能力以跟上时代的发展。创新的思政教育模式可以培养学生的自主学习能力和终身学习的动力，使他们能够主动获取新知识，不断提升自己。

传统的思政教育模式往往以教师为中心，教师主导课堂，学生被动接受知识。这种模式限制了学生的学习主动性和自主思考能力。而创新的思政教育模式引入启发式教学、案例教学等教学方法，激发学生的学习兴趣和求知欲，让他们主动思考、独立探索，培养自主学习的能力。

此外，创新的思政教育模式还可以通过提供多样化的学习资源和平台，激发学生的终身学习动力。例如，引入在线学习平台、开放式课程资源等，让学生根据自己的兴趣和需求选择学习内容，自主制订学习计划，并通过互动交流平台与其他学习者分享和讨论。这种个性化和多元化的学习方式能够激发学生的学习兴趣和动力，培养持续学习的习惯。

创新的思政教育模式还可以将学生与社会实践结合，促进终身学习。通过组织社会实践活动、实习项目等，让学生接触真实的社会问题和职场环境，将所学知识应用到实践中。这种实践性学习能够激发学生的学习热情和求知欲，让他们认识到学习与实践的紧密联系，并明白终身学习对个人发展的重要性。

通过注重学生的创新思维、团队合作、实践能力和自主学习能力的培养，高校课程思政建设能够适应时代发展的要求，培养出具备综合素质的人才。

（三）激发学生的兴趣与参与度

传统的思政教育模式往往以教师为中心，学生被动接受知识。而创新的思政教育模式可以通过引入互动性强、参与度高的教学方法，激发学生的兴趣和主动参与度，使其积极思考和探索，从而更好地理解和接受思政教育的内容和价值。

1.提高学习动机

创新的思政教育模式能够通过多样化的教学方法和教学资源，激发学生的学习兴趣和动机。例如，引入案例分析、小组讨论、角色扮演等互动性强的教学活动，让学生能够积极参与、表达观点，并与他人交流和合作。这样的教学方式能够激发学生的好奇心和求知欲，提高他们对思政课程的学习兴趣。

2.培养自主学习能力

创新的思政教育模式强调学生的主动性和自主学习能力的培养。通过引入自主学习的机制和资源，如在线学习平台、学习社区等，学生可以根据自身兴趣和需求学习，并自主选择学习的内容和学习的方式。这种自主学习的模式能够激发学生的学习兴趣和参与度，提高学习主动性和自主学习能力。

3.增强实践体验

创新的思政教育模式注重将学习与实践相结合，提供更多实践体验的机会。通过组织社会实践活动、参观考察、实习实训等形式，让学生亲身体验社会生活和职业实践，将所学知识应用到实际问题中。这样的实践体验能够激发学生的学习兴趣和参与度，使他们更加主动地投入到思政教育中。

4.强调个性化学习

创新的思政教育模式注重个性化学习的需求和差异化教学的实施。通过了解学生的个体差异和学习风格，根据学生的兴趣和特长，提供个性化的学习资源和支持。这样的个性化学习能够满足学生的学习需求，激发学习兴趣和参与度，使他们更加主动地参与思政教育。

通过引入多样化的教学方法和教学资源，创新的思政教育模式能够激发学生的好奇心、求知欲和学习动机。例如，通过案例分析可以让学生在实际问题中思考和应用所学知识，小组讨论和角色扮演则可以促进学生之间的交流和合作，增强参与度和学习兴趣。

（四）增强实践与应用能力

传统的思政教育模式往往偏重理论知识的传授，而缺乏对学生实际应用能力的培养。

然而，在现实生活和职业领域中，学生需要将所学的思政知识与实际问题相结合，运用于实践中。因此，创新的思政教育模式应重视增强学生的实践能力和职业适应能力。

首先，引入实践活动是创新思政教育模式的关键之一。通过组织社会实践活动、参观考察、志愿服务等形式，学生能够亲身参与社会实践，了解社会发展和问题，加深对思政知识的理解和应用，激发学习兴趣，培养他们的实践能力和问题解决能力。

其次，引入案例分析是创新思政教育模式的有效途径。通过引入真实的案例，结合相关理论知识分析和讨论，可以帮助学生将抽象的思政理论与具体的实践问题相结合。通过案例分析，学生能够更好地理解思政知识的应用场景，培养分析和解决问题的能力。

最后，实习实训也是创新思政教育模式的重要组成部分。通过与社会实践相结合的实习实训，学生能够在真实的职业环境中应用所学的思政知识，并与实际工作展开互动。这种实践经验能够让学生更好地了解职业要求，提升职业适应能力和实践能力。

创新的思政教育模式通过增强实践与应用能力，使学生在学习过程中能够积极参与实践活动，将所学知识应用于实际情境中，培养实践能力、问题解决能力和创新能力。这样的教育模式有助于学生更好地适应职业发展和社会需求，为未来的工作和生活打下坚实的基础。

（五）提升社会影响力

传统的思政教育模式往往偏向于理论探讨，与社会现实之间存在一定的脱节。然而，面对当今社会的各种问题和挑战，高校思政教育需要紧密结合社会现实，引导学生思考和参与社会发展，从而提升思政教育的社会影响力。

首先，创新的思政教育模式应关注当前社会问题和挑战。社会不断变化和发展，涌现出各种复杂的问题，如环境污染、社会不公、道德伦理等。创新的思政教育模式应将这些问题纳入教育内容，让学生了解和思考这些社会问题的根源、影响和解决方案。通过深入研究和讨论，学生可以形成对社会问题的认知和思考，培养对社会问题的关注和责任感。

其次，创新的思政教育模式应鼓励学生积极参与社会发展。传统的思政教育模式往往将学生定位为被动的接受者，学生缺乏机会去实践和参与社会事务。而创新的思政教育模式应提供更多的机会和平台，让学生参与社会实践、公益活动、社团组织等，锻炼自己的领导能力、组织能力和社会参与能力。通过实际行动，将所学的思政知识应用于实践中，积极推动社会发展和变革。

最后，创新的思政教育模式应注重培养学生的公民意识和社会责任感。传统的思政教育模式往往过于强调个体的发展和个人价值，忽视了公民身份的重要性。然而，作为公民，学生应当具备社会责任感和公共事务参与能力。创新的思政教育模式应引导学生了解公民的权利与义务，培养对社会公共利益的关注和贡献意识，激发参与社会事务、推动社会进步的积极性。

通过创新的思政教育模式，高校课程思政建设能够与社会现实紧密结合，关注学生的实际需求和社会问题的解决。这种紧密结合能够使思政教育更具针对性和实效性，提高其在社会中的影响力。

二、高校课程思政建设的创新模式现状分析

（一）缺乏与时俱进的教学内容和方法

1.教学内容滞后

一些高校思政课程的教学内容相对滞后，无法及时反映社会和时代的变化。这导致学生接触到的思政知识不够新颖，难以激发学生的兴趣和学习动力。同时，随着科技、经济、文化等领域的快速发展，学生对新问题和新挑战的认知需求也日益增加，因而思政课程的教学内容需与时俱进，贴近学生的实际需求。

（1）缺乏对社会变革的及时反应

这主要是由教材编写、审核和更新的滞后性导致的。传统的教材编写周期较长，很难紧跟社会变革的步伐。因此，学生接触到的思政知识往往无法及时地反映出当代社会的变化，缺乏对当下重大问题的深入探讨。

（2）对新兴领域和新思想的涵盖不足

随着科技、经济、文化等领域的快速发展，新兴领域和新思想的涌现给思政课程的教学内容带来了新的挑战。然而，现有的思政课程往往未能充分涵盖这些新兴领域的知识和观点。例如，新兴科技如人工智能、区块链等的发展，以及新兴思想如生态文明、全球化等的理论研究，对思政教育提出了新的课程需求，但很少有教材和教学资源涵盖这些内容。

（3）缺乏对多元化问题的关注

当代社会面临着多样化、复杂化的问题，如社会不平等、环境危机、文化多样性等。然而，一些思政课程在教学内容中未能充分关注这些多元化问题，无法提供学生思考和解决这些问题的有效工具和知识。这导致学生对课程的关注度和参与度降低，难以培养批判思维和创新能力。

（4）难以适应学生需求的个性化

学生在兴趣、学习风格和学科背景等方面存在差异，对教学内容有不同的需求。然而，一些思政课程未能根据学生的需求进行个性化设计，无法满足学生的学习兴趣和需求。这导致部分学生对课程的兴趣和参与度降低，影响了学习效果的提高和思政素养的培养。

2.教学方法单一

传统的教学方法在一定程度上限制了思政课程的教学。常见的讲授模式使得学生被动接受知识，缺乏积极的参与和思考。这种单一的教学方法难以引发学生的兴趣，也难以培养批判思维和创新能力。

（1）缺乏互动性教学方法

传统的思政课程往往采用讲授模式，教师主导教学过程，学生被动接受知识。这种单一的教学方法难以激发学生的学习兴趣和积极性。相比之下，互动性教学方法能更好地引

导学生参与和思考，如小组讨论、问题导向学习、辩论等。通过与教师和同学的互动，学生可以更深入地理解和思考课程内容，培养批判思维和解决问题的能力。

（2）缺乏案例教学和实践活动

传统思政课程在案例教学和实践活动方面的应用较少。然而，案例教学和实践活动是培养学生综合能力和解决实际问题的重要手段。通过引入真实案例和实际情境，学生可以将抽象的思政理论与实际问题相结合，加深对知识的理解和应用。此外，开展实践活动，如社会调研、社区服务等，可以让学生亲身体验和参与社会实践，培养其社会责任感和实践能力。

3.缺乏创新的教学资源和工具

创新的教学内容和方法需要有相应的教学资源和工具支持。然而，目前一些高校存在教学资源和工具投入不足的问题。例如，缺乏与时俱进的教材、互动式教学平台、多媒体教学设备等。

（1）问题分析

在高校课程思政建设中，缺乏创新的教学资源和工具是导致教学内容和方法与时代脱节的一个重要原因。创新的教学资源和工具可以丰富教学内容，提升教学效果，激发学生的学习兴趣和参与度。然而，目前一些高校在教学资源和工具方面的投入不足，无法满足教学的需求，限制了教学内容和方法的创新与更新。

（2）缺乏创新的教学资源和工具问题

缺乏与时俱进的教材。一些高校思政课程使用的教材相对滞后，无法及时反映社会和时代的变化。这导致学生接触到的思政知识相对陈旧，无法激发学习兴趣和学习动力，限制了教学内容的创新与更新，无法满足学生对新问题和新挑战的认知需求。

缺乏互动式教学平台。传统的教学模式往往是教师单向传授知识，学生被动接受，限制了学生的参与度和主动性。现代技术提供了许多互动式教学工具和平台，如在线讨论平台、虚拟实验室、在线作业系统等，促进学生与教师、学生与学生之间的互动和合作，激发学生的积极性和创造力。

缺乏多媒体教学设备。多媒体教学设备在思政课程的教学中具有重要作用。通过多媒体教学设备，教师可以利用图片、音频、视频等多种形式展示教学内容，提高教学的生动性和趣味性。然而，一些高校在多媒体教学设备的配置上投入不足，导致教学效果受限。

缺乏开放教育资源。开放教育资源是指通过互联网等途径向广大师生开放的教育资源，包括课程教材、学习工具、学术论文等。开放教育资源的使用可以为高校思政课程提供丰富的教学内容和学习资料。然而，一些高校缺乏开放教育资源的开发和利用，限制了思政课程教学内容的多样性和广度。

缺乏教学创新的资金支持。教学资源和工具的创新需要相应的投入和支持，包括购置教学设备、开发教学软件、研发教学平台等。然而，一些高校缺乏足够的资金投入，限制了教学资源和工具的更新和创新。

（二）学生对思政课程的兴趣不高

学生对思政课程的兴趣不高是当前高校课程思政建设中的一大问题。这种情况可能源于多方面的因素，包括传统教学模式的限制、教学内容的抽象性、缺乏实践体验机会以及与时代和社会问题的关联度不高等。

1. 传统教学模式的限制

传统的思政课程教学模式主要采用讲授模式。这种单一的教学方式存在一些问题，导致学生对思政课程的兴趣不高。

首先，传统的讲授模式限制了学生的主动性和参与度。在传统的思政课堂上，教师扮演着知识的主要传授者的角色，而学生则被动地接受和记忆教师讲述的内容。这种单一的教学方式使学生处于被动的学习状态，缺乏参与和思考的机会，难以激发学生的兴趣和好奇心。

其次，传统的讲授模式缺乏互动和交流。在讲授模式中，学生的角色主要是接受和消化知识，而缺少与教师和其他同学之间的互动和交流。这种单向的教学方式限制了学生表达观点和思考问题的能力，缺乏积极思辨和探索的机会。学生往往只是被动地听讲，难以主动参与和发表自己的见解，所以对课程的兴趣不高。

最后，传统的讲授模式在思政课程的抽象概念和理论知识的传授过程中，缺乏具体的实例和案例分析。思政课程中的一些概念和理论对学生而言可能较为抽象和难以理解，而缺乏具体的实例和案例分析，使学生难以将这些抽象的概念和理论应用到实际生活中。在这种情况下，学生很难体会到思政课程对现实生活的意义和价值，从而影响了他们对思政课程的兴趣和投入度。

2. 教学内容的抽象性

在高校课程思政建设的创新模式现状中，学生对思政课程的兴趣不高是一个突出的问题。其中，一个重要原因是一些思政课程的教学内容过于抽象和理论化，难以与学生的实际生活和经验联系。

首先，思政课程的内容往往涉及抽象的概念和理论，如社会主义核心价值观、人文精神、道德伦理等。这些概念对学生而言相对陌生和抽象，难以直接与其日常生活和经验联系，难以将这些抽象的概念应用到实际问题中去，导致对思政课程的兴趣不高。

其次，一些思政课程过于强调理论的传授，缺乏具体的实例和案例分析。在教学过程中，教师往往通过讲述理论知识传达思政课程的内容，而较少引入具体的实例和案例帮助学生理解和应用这些理论。这种方式使得学生难以将抽象的理论知识与实际问题联系，限制了他们对课程的兴趣和投入度。

最后，思政课程的教学内容往往过于晦涩和繁杂，缺乏趣味性和生动性。一些思政课程注重传授大量的理论知识和政策法规，但很少涉及生动有趣的故事、案例或个人经历等，这使学生难以产生共鸣和兴趣。学生更倾向于接触具体、有趣的内容，而对过于抽象和繁杂的教学内容往往缺乏兴趣和动力。

3.缺乏实践体验机会

在高校课程思政建设的创新模式现状中，学生对思政课程的兴趣不高的一个重要原因是缺乏实践体验机会。思政课程往往强调理论知识的传授，而忽视了学生对实践的渴望和需求。

首先，实践体验是学生获取知识和经验的重要方式之一。通过实践，学生能够将抽象的理论知识转化为具体的行动和体验，加深对知识的理解和记忆。然而，在传统的思政课程中，学生往往只是被动地接受教师的讲解，缺乏实际参与和实践的机会。这种情况限制了学生对思政课程的兴趣和投入度。

其次，实践体验可以提供学生与社会互动的机会，增强他们的社会责任感和公民意识。通过参与社会实践、社区服务或实地考察等活动，学生能够直接面对社会问题和挑战，加深对社会现象和价值观的认识。然而，传统的思政课程往往将重点放在课堂上的教学内容，而忽视了学生与社会互动和实践的机会。

最后，实践体验可以激发学生的兴趣和动力，使他们更加主动地参与学习。通过实践活动，学生能够亲身体验和感受到思政课程传达的价值观和理念的实际应用和影响。他们能够通过实践中的挑战和问题解决过程，培养批判思维、创新能力和团队合作精神。然而，在传统的思政课程中，缺乏实践体验的机会，学生往往只能被动地接受知识，难以产生持久的兴趣和动力。

4.与时代和社会问题的关联度不高

一些传统的思政课程内容无法及时反映当前的社会变革和挑战，使得学生难以将所学知识与实际情境联系，缺乏对思政课程的认同和兴趣。

首先，随着社会的不断变革和发展，新的时代问题和社会挑战不断涌现，包括经济发展模式转型、科技创新与人工智能的发展、环境保护与可持续发展、社会公平与正义等诸多议题。然而，一些传统的思政课程内容较为固定，难以及时更新和调整，无法紧密结合当代社会的发展需求，导致学生对课程内容的关联度和实用性产生疑虑。

其次，缺乏与时代和社会问题的关联度，也使得思政课程与学生的实际生活和经验脱节。学生对思政课程的兴趣来源于其与自身生活和成长环境的关联。然而，一些传统的思政课程内容偏向抽象的理论知识，缺乏与学生日常生活和社会经验的对接，使得学生难以产生共鸣和兴趣。

最后，缺乏与时代和社会问题的关联度也影响了思政课程的实践性和应用性。思政课程旨在培养学生的社会责任感、创新能力和实践能力，但如果课程内容与时代和社会问题的关联度不高，就难以使学生将所学知识转化为实际行动和应对挑战的能力。学生更希望通过思政课程解决实际问题、提升社会参与能力，而不仅仅是纸上谈兵。

（三）思政教育与职业教育的融合不足

随着社会的发展和职业领域的变化，培养学生的职业素养和实践能力已成为高校教育的重要任务。然而，传统的思政教育与职业教育之间的融合程度不高，导致学生在实际职业生涯中难以将思政课程所学的理论知识与实际工作相结合，限制了思政教育的实际效果和学生的综合素质提升。

首先，传统的思政教育注重理论知识的传授和人文素养的培养，强调学生的思想品德和社会责任感，但对职业技能和实践能力的培养较为薄弱。这使得学生在面对具体职业发展和实践问题时感到无所适从，无法充分发挥所学知识的应用价值。缺乏与职业教育的融合，使思政课程无法满足学生在职业发展过程中所需的实际技能和应用能力。

其次，思政教育与职业教育的融合不足也反映在课程设置和教学方法上。传统的思政课程往往是独立设置的，与专业课程相分离，缺乏与实际职业需求的对接。这导致学生往往将思政课程视为一种附加课程，缺乏对其重要性和实际价值的认识。同时，传统的教学方法多以讲述和传授为主，缺乏与职业实践相结合的教学方式，无法激发学生的主动参与和实践能力的培养。

最后，高校在师资队伍建设方面也存在与思政教育与职业教育融合不足的问题。传统的思政教育往往由人文社科背景的教师主讲，而职业教育往往需要具备实践经验的专业人士指导。两者之间的交叉与合作不够紧密，教师在教学内容和方法上的理解和运用也存在局限性，影响了思政教育与职业教育的有效融合。

第二节　高校课程思政建设的创新模式策略

一、推广创新的教学方法

高校应鼓励教师采用多样化和创新的教学方法，如案例教学、项目学习、小组合作、实践活动等，增加学生的参与度和学习兴趣。教师可以结合新媒体和信息技术，设计在线互动教学活动，提供个性化的学习体验。

（一）多样化的教学方法

高校应鼓励教师尝试不同的教学方法，如案例教学、项目学习、小组合作和角色扮演等。案例教学可以将抽象的思政理论联系实际问题，激发学生的思考和讨论。项目学习可以让学生通过实践去探索和解决现实问题，培养实践能力和创新精神。小组合作和角色扮演可以促进学生之间的合作与交流，培养团队合作和沟通能力。

1. 案例教学

案例教学是一种将理论知识与实际案例相结合的教学方法。通过引入真实或虚拟的案例，教师可以将抽象的思政理论与具体的社会问题相联系，帮助学生理解和应用思政知识。学生在分析案例的过程中，可以思考案例中存在的道德、伦理、公共利益等问题，培养他们的分析和判断能力。同时，案例教学也可以激发学生的兴趣和参与度，增强对思政教育的实际感知和认同。

2.项目学习

项目学习是一种以项目为核心的教学方法，通过实际项目的设计、实施和评估，使学生在实践中学习和探索。在思政课程中，可以设计涉及社会问题或公共事务的项目，让学生通过参与项目实践，了解和解决现实问题。通过项目学习，学生可以培养实践能力、创新思维和解决问题能力。同时，项目学习也可以促进学生之间的合作和团队精神，培养团队合作和沟通能力。

3.小组合作和角色扮演

小组合作和角色扮演是一种促进学生之间合作与交流的教学方法。在思政课程中，可以组织学生小组合作，让他们共同探讨和解决思政问题，分享彼此的观点和见解。同时，通过角色扮演，学生可以扮演不同的社会角色，从不同角度思考和理解社会问题。这种互动和合作的教学方法有助于培养学生的团队合作能力、沟通能力和批判思维能力。

通过推广多样化的教学方法，高校可以提高思政课程的教学质量和效果。这些教学方法能够激发学生的学习兴趣和主动性，培养他们的实践能力和创新精神。同时，多样化的教学方法也可以促进学生之间的合作与交流，培养团队合作和沟通能力。

（二）新媒体和信息技术的应用

教师可以利用新媒体和信息技术创新教学方法，如在线互动教学平台、虚拟实验室和社交媒体等。通过这些工具，教师可以设计在线互动教学活动，让学生在虚拟环境中开展讨论和交流，提供个性化的学习体验。同时，教师还可以利用多媒体资源，如图像、视频和音频，使课程更加生动有趣，激发学生的学习兴趣和注意力。

1.在线互动教学平台

教师可以利用在线互动教学平台，如在线学习管理系统或专门的教学平台，创建虚拟课堂和在线讨论的空间。通过这些平台，学生可以与教师和同学开展实时的互动和讨论。教师可以提供学习资源、布置作业和测验，引导学生在线讨论和合作学习。这种在线互动教学模式能够促进学生之间的思想碰撞和深入讨论，提高学生的学习效果和参与度。

2.虚拟实验室

虚拟实验室是一种利用计算机模拟技术开展实验教学的方法。教师可以利用虚拟实验室，通过模拟实际场景和实验过程，让学生实践操作和探索。虚拟实验室可以提供安全、便捷的实验环境，让学生在虚拟环境中实验操作和数据分析，培养他们的实际操作能力和科学思维。这种技术手段可以克服实验资源有限和时间限制的问题，为学生提供更多实践机会，提高他们的实验能力和科学素养。

3.社交媒体的应用

社交媒体是学生日常生活中广泛使用的工具，也可以用于创新的教学方法中。教师可以利用社交媒体平台，如微博、微信公众号或在线论坛，与学生互动和交流。教师可以发布课程相关的内容和讨论话题，鼓励学生在社交媒体上分享自己的思考和观点。学生可以通过社交媒体与教师和同学开展实时的交流和互动，扩展学习的范围和方式。这种教学模式与学生的学习习惯相结合，能够激发学生的参与度和学习兴趣。

4.多媒体资源的利用

教师可以利用多媒体资源，如图像、视频和音频等，丰富课堂教学内容。通过多媒体资源的使用，教师可以生动地展示思政知识，提供具体的案例和实例，激发学生的学习兴趣和注意力。例如，教师可以利用图像和视频展示社会问题的真实场景，让学生更直观地了解和思考相关议题。音频资源可以用于播放相关专家或学者的演讲或访谈，让学生听取不同声音和观点。通过多媒体资源的运用，教师可以创造出视听、感知和思考相结合的学习环境，提供更具互动性和体验性的学习内容，提高学生对思政知识的理解和记忆。

通过在线互动教学平台、虚拟实验室、社交媒体和多媒体资源的运用，教师可以创造出更具互动性、个性化和丰富多样的学习体验，提高学生的学习参与度和兴趣，促进思政课程的有效传授和学生思维能力的培养。

（三）实践导向的教学

创新的思政教育模式应该注重实践导向的教学。教师可以组织实践活动，如社会实践、参观考察和实习实训，让学生亲身体验和感受思政知识在实际情境中的应用。通过实践活动，学生可以将所学知识应用到实际问题中，加深对思政教育的理解和认同。

1.参观考察

教师可以组织学生参观考察相关机构、企业或社会组织，让学生直观地了解相关行业和领域的实践情况，掌握实际操作和解决问题的经验。通过参观考察，学生可以深入了解不同领域的现状、挑战和发展方向，拓宽眼界和思维视野，同时促进理论知识与实际应用的结合。

2.实习实训

教师可以安排学生参加实习实训，将所学的思政知识应用到实际工作场景中。通过实习实训，学生可以通过实际工作任务和项目，培养解决问题的能力、团队合作能力和创新思维。例如，在政府部门实习，学生可以参与政策制订和社会管理工作，了解政府的职能和作用，同时理论与实践相结合，促进思政知识的内化和外化。

3.课程项目设计

教师可以设计与实际问题相关的课程项目，让学生通过实践解决问题。例如，在公共管理课程中，教师可以引入一个真实的案例，让学生扮演相关角色，分析问题、制订解决方案，并开展实际操作和模拟演练。通过课程项目设计，学生能够培养实际应用能力、分析和解决问题的能力，同时增强团队合作和沟通协作能力。

4.反思与总结

在实践导向的教学过程中，教师应引导学生反思与总结。学生深入思考和分析实践过程，总结实践经验和教训，探索实践导向教学的有效性和实际应用。通过反思与总结，学生能够加深对实践经验的理解和领悟，将实践中获得的知识和技能与思政理论深入对接和融合，形成全面的学习效果。

通过参观考察、实习实训和课程项目设计，学生能够在实践中真正体验思政知识的价值和意义，培养实际操作能力和解决问题的能力。教师在实践导向教学中的引导和评估也起到关键作用，能够确保学生在实践中的学习效果和能力提升。因此，高校应注重实践导向教学模式的应用与推广，促进学生思政教育的全面发展。

二、提高课程的趣味性和吸引力

通过增加课程的趣味性和吸引力，可以激发学生的学习兴趣和积极参与度，提高对思政教育的认同和关注度。

（一）培养学生主体性

通过激发学生的主动性和创造性，他们能够更加积极参与课程的设计和实施过程，从而增强对思政教育的兴趣和投入感。

1.学生参与课程设计

鼓励学生参与思政课程的设计过程，如在课程内容和教学方法的选择上给予学生一定的决策权。可以组织学生讨论、征求意见或提出个人的建议，使他们感到自己在课程中具有一定的主导作用。这样的参与能够增强学生的责任感和主动性，提高对课程的投入度和学习动力。

2.自主选题和研究报告

为学生提供自主选题的机会，让他们能够选择自己感兴趣的话题开展研究。学生可以在指导教师的指导下，根据自己的兴趣和研究方向，深入挖掘相关的思政知识，并将其应用到实际问题中。这种自主选题和研究报告的方式能够激发学生的研究兴趣和创造力，提高对课程的主动参与度。

3.实践任务和项目学习

通过安排实践任务和项目学习，让学生能够在实际情境中应用所学的思政知识。教师可以设计一些与社会实践相关的任务或项目，要求学生主动参与并提出解决方案。这样的实践任务和项目学习能够培养学生的实践能力和创新精神，使他们能够将课堂上学到的理论知识应用到实际问题的解决中。

4.创意展示和分享

为学生提供展示和分享创意的机会，鼓励他们将自己的观点、思考和成果展示给他人。可以组织学生开展小组展示、学术研讨会、创意比赛等形式的活动，让他们有机会与他人交流和分享自己的想法。这种交流与分享的过程能够激发学生的创造力和表达能力，增加课程的趣味性和互动性。

（二）融入时事和热点问题

将当前的时事和热点问题与思政理论相结合，引发学生对社会现象和现实挑战的思考，激发兴趣和参与度。

1.教师引导与解读

教师可以引导学生关注社会热点问题，如社会不公、环境保护、科技创新等。通过解读和分析这些问题，教师能够帮助学生理解相关的思政理论，并将其与实际情境相结合，使学生认识到思政理论的现实意义，增加对课程的关注和投入。

2.探索与讨论

在课堂上组织学生开展对时事和热点问题的探索和讨论。教师可以设计小组讨论、辩论赛、模拟演练等形式的活动，让学生积极参与，分享自己的观点和思考。这种探索与讨论的方式能够激发学生的思辨能力和批判思维，促进对时事问题的深入理解和思考。

3.案例分析与实证研究

教师可以引入相关的案例分析和实证研究，将时事和热点问题与实际情境相结合。通过分析具体案例和开展实证研究，学生能够深入了解时事问题的背景、原因和影响，同时也能够探索其中的思政价值和道德观念。这种案例分析和实证研究的方式能够提高学生对课程的兴趣和学习动力。

（三）建立互动平台和社群

通过利用现代科技手段，搭建在线互动平台或思政学习社群，学生可以在虚拟环境中交流、分享和合作。

1.在线讨论与互动

建立在线讨论平台，鼓励学生在其中开展思政话题的讨论和互动。学生可以发表自己的观点、回复他人的评论，与同学们一起探讨思政问题。教师可以起到引导和促进讨论的作用，提出问题或观点引发学生思考，并及时给予回应和评价。这种在线讨论与互动的方式能够促进学生之间的交流，增加课程的互动性和趣味性。

2.分享和学习资源

在线互动平台或思政学习社群可以成为学生分享和获取学习资源的平台。学生可以在其中分享有关思政学习的资料、笔记、心得体会等，从而促进资源共享和学习互助。教师也可以在平台上发布相关学习资料和案例，供学生参考和学习。这种分享和学习资源的方式能够丰富学生的学习内容，提高对课程的兴趣和学习效果。

3.学习任务和项目合作

通过在线互动平台或思政学习社群，可以组织学生开展学习任务和项目合作。教师可以发布学习任务或项目，让学生在平台上组队、分工合作，共同完成任务或项目。学生可以在合作过程中交流经验、分享资源，相互学习和提升。这种学习任务和项目合作的方式能够培养学生的团队合作精神和解决问题的能力，提高课程的趣味性和实践性。

4.在线辅导和答疑

互动平台或思政学习社群也可以提供在线辅导和答疑的机会。学生可以在平台上提出问题，教师或其他同学给予解答和帮助。这种在线辅导和答疑的方式能够及时解决学生的疑惑，促进学习的顺利展开，增加课程吸引力和实用性。

5. 主题活动和比赛

在互动平台或社群中可以组织主题活动和比赛，增加课程的趣味性和互动性。教师可以设立一系列有趣的主题活动，如辩论赛、创意作品展示、主题讲座等，鼓励学生积极参与并展示自己的才能和创造力。同时，可以组织思政知识竞赛、写作比赛等形式多样的比赛，激发学生的学习热情和竞争激励，提高课程的吸引力和参与度。

三、加强学科交叉和融合

将不同学科的知识与思政教育相融合，促进跨学科的学习与思考。教师可以邀请其他学科的专家参与课程教学，或与其他学科的教师合作，共同探讨时事和热点问题的综合解决方案。这种跨学科融合与跨界合作的方式能够激发学生的创新思维和多元视角，提高课程的趣味性和学习的深度。

（一）邀请其他学科专家参与教学

教师可以邀请其他学科的专家参与思政课程的教学，如法学、经济学、社会学等。这些专家可以分享自己学科领域的知识和研究成果，并与思政教师共同探讨时事和热点问题的多元视角。通过与其他学科的专家合作，可以将思政教育与现实问题相结合，为学生提供更全面、更多元的学习体验。

1. 学科专家的分享与探讨

教师可以邀请具有相关学科背景和专业知识的专家给学生讲授某一主题的课程，分享学科的前沿发展和理论观点。专家分享的内容可以是他们的研究成果、实践经验或者最新的学术观点，通过这些分享，学生可以获得权威的学科知识，了解学科的应用和发展现状。

2. 多元视角的思辨与讨论

专家分享后，可以组织学生与专家讨论和互动，引导学生从不同的学科视角思考和探讨相关的问题。学生可以就所学的思政理论与专家深入交流，通过学科交叉的讨论，加深对思政问题的理解和把握。

3. 现实问题与学科融合的案例分析

教师可以邀请学科专家与自己合作，共同设计案例教学，将学科知识与实际问题相结合。通过案例分析，学生可以探究思政理论在解决实际问题中的应用，加深对思政教育的认识和理解。这种跨学科融合的案例教学可以激发学生的学习兴趣和实践能力，使他们能够联系抽象的思政理论与具体的问题。

4. 跨学科合作的实践项目

学校可以组织跨学科的实践项目，邀请学科专家和思政教师共同指导学生开展实践研究。学生可以在实际问题中跨学科合作，融合不同学科的知识和方法，解决复杂的社会问题。这样的实践项目能够培养学生的团队合作能力、创新能力和综合分析能力，提高他们在跨学科环境中的适应能力。

通过加强学科交叉和融合，邀请其他学科专家参与教学，可以打破学科之间的壁垒，促进学科之间的互动和交流，培养学生的综合能力和创新思维。这种创新模式策略不仅丰富了思政课程的内涵和形式，也使学生能够更好地应对日益复杂的社会问题，为未来发展奠定坚实基础。

（二）跨学科合作研究项目

教师可以与其他学科的教师合作开展研究项目，探索思政教育与其他学科的交叉点和融合方式。例如，在环境保护问题上，思政教师可以与环境科学教师合作，探讨环境伦理、社会责任等方面的思政问题；在科技创新领域，思政教师可以与工程技术教师合作，讨论科技伦理和科研道德等问题。这种跨学科合作研究可以促进不同学科的知识交流和相互启发，丰富思政教育的内容和形式。

1.选择合适的合作学科

思政教育可以与各个学科合作，选择与思政教育有较高相关性的学科，如法学、经济学、社会学、环境科学、哲学等。这些学科与思政教育有着紧密的关联，可以通过合作研究项目深化对关键问题的探讨。

2.确定研究主题

在选择合作学科后，确定一个具体的研究主题，旨在探索思政教育与该学科之间的交叉点和融合方式。例如，在环境保护领域，可以研究环境伦理、社会责任等问题；在科技创新领域，可以研究科技伦理、科研道德等问题。

3.教师合作与学生参与

思政教师与其他学科的教师共同组成研究团队，共同制订研究计划和方法，可以互相借鉴各自的专业知识和研究方法，形成综合的研究成果。同时，鼓励学生参与到研究项目中，通过与跨学科团队合作，培养学生的综合能力和创新思维。

4.跨学科知识的交流和启发

在跨学科合作研究项目中，不同学科的教师和学生将面临知识交流和启发的机会。通过团队会议、讨论和研究成果展示等形式，促进不同学科之间的知识共享，拓宽思维边界，为思政教育提供新的理论视角和实践经验。

5.综合成果的展示与应用

跨学科合作研究项目的成果可以通过学术论文、学术会议等形式展示与交流。同时，可以将研究成果应用到实际问题中，为社会提供解决方案和政策建议，进一步提升思政教育的社会影响力。

总之，跨学科合作研究项目是一种有效的创新模式策略，通过加强学科交叉和融合，可以丰富思政课程内容，培养学生的综合素养和解决问题的能力，提升思政教育的社会影响力，推动学科的发展和创新。

（三）融入学科知识的案例教学

教师可以结合具体学科的案例，引导学生探讨与思政教育相关的问题。例如，在法学课程中引入司法案例，让学生分析案件中的伦理和道德问题；在经济学课程中引入经济发展的案例，让学生思考经济发展与社会公平的关系。通过案例教学，将学科知识与思政理论相结合，增加学生对思政教育的认识和理解，提高学习的趣味性和实践性。

1.选择具体学科案例

教师可以根据不同学科的特点和知识内容，选择与思政教育相关的案例。例如，在法学课程中可以选取司法案例，经济学课程中可以选择经济发展的案例，社会学课程中可以选取社会变革的案例等。案例的选择应具有一定的代表性和教育意义，能引发学生的兴趣和思考。

2.引导学生分析案例

教师可以引导学生分析选取的案例，探讨其中涉及的伦理、道德、社会公平等思政教育相关问题。学生可以通过对案例的细致观察和深入思考，理解案例中的价值观、权益关系、社会责任等方面的内容，从而将学科知识与思政理论相结合。

3.提供相关背景知识

在引导学生分析案例之前，教师可以提供相关的学科背景知识，帮助学生更好地理解案例中涉及的概念、原理和理论。例如，在引入经济发展案例时，教师可以简要介绍有关经济增长、收入分配、社会福利等方面的基本知识，以便学生更好地分析案例中的经济问题与社会公平的关系。

4.引发学生思考和讨论

通过案例教学，学生可以参与到实际问题的讨论中，提出自己的观点和见解。教师可以组织小组讨论或全班讨论，鼓励学生表达自己的想法，促使学生从不同的角度和思维方式思考和分析案例中的问题。通过多方参与和碰撞，可以激发学生的思维活跃性和问题解决能力。

通过引入具体学科的案例，学生能够在实际问题中思考和分析与思政教育相关的伦理、道德、社会公平等问题，从而加深对思政教育的理解和认识，提高学习的趣味性和实践性。

（四）跨学科论坛和研讨会

学校可以组织跨学科的论坛和研讨会，让不同学科的教师和学生交流学术和碰撞思想。这种交流平台可以促进学科之间的互动和交流，拓宽学生的学科视野，培养他们的跨学科思维和综合分析能力。学生可以从不同学科的专家和同学中获取新的知识和观点，加深对思政教育内容的理解和掌握。

1.学科专家的分享与互动

跨学科论坛和研讨会为学科专家提供了一个平台，分享自己的研究成果和学科领域的最新进展。这种交流不仅让学生了解到其他学科的知识和发展动态，还能激发其对学科交叉的兴趣和好奇心。学生可以通过与专家的互动提问，进一步探讨与思政教育相关的问题，拓宽视野。

2.跨学科合作项目的探讨

跨学科论坛和研讨会也为教师和学生提供了合作探讨跨学科项目的机会。教师可以借助论坛和研讨会的平台，与其他学科的教师展开深入合作，共同研究探讨复杂的社会问题和思政教育的创新模式。通过合作项目的开展，学生可以亲身参与到跨学科研究中，培养综合分析和解决问题的能力。

3.学科间的相互借鉴与启发

跨学科论坛和研讨会促进了不同学科之间的交流与借鉴。学生可以从其他学科的研究方法、理论框架和实践经验中汲取灵感，将其应用于思政教育中，丰富和完善思政课程的内容和形式。例如，经济学中的供求关系和社会学中的群体行为可以与思政教育的价值观对话、融合，促进学生对伦理、公平、责任等问题的思考。

4.培养跨学科思维和综合能力

跨学科论坛和研讨会的参与有助于培养学生的跨学科思维和综合能力。学生在与其他学科的专家和同学交流的过程中，需要跨越学科边界，整合和综合不同学科的知识和观点。这种思维方式能够培养学生的综合分析、综合判断和跨学科合作的能力，从而使其更好地应对复杂的现实问题和挑战。

5.学科融合的实践探索

通过跨学科论坛和研讨会，学生有机会参与到学科融合的实践探索中。可以与来自不同学科的同学一起组队，共同解决跨学科问题，整合各自学科的知识和方法，达到协同创新的效果。这样的实践体验有助于学生更好地理解学科间的相互关联和互补性，培养团队合作和跨学科沟通的能力。

6.学科视野的拓展与综合素养的培养

跨学科论坛和研讨会为学生提供了一个广阔的学科视野，让他们了解到更多学科的研究领域和前沿问题。这有助于培养学生的综合素养，使他们能够更全面地理解和评价复杂的社会现象和思政问题。同时，学生参与跨学科论坛和研讨会也能够提升他们的学术素养和表达能力，使他们更具备综合素质的竞争力。

跨学科论坛和研讨会作为加强学科交叉和融合的创新模式策略，在新时代高校课程思政建设中具有重要意义。通过这样的交流平台，学生能够与其他学科的专家和同学进行深入的学术交流和思想碰撞，拓宽学科视野，培养跨学科思维和综合能力，进一步提升思政教育的质量和效果。

（五）跨学科课程设计

学校可以设计跨学科的课程，将不同学科的知识和概念相互融合。例如，可以开设关于科技与社会的课程，将科学技术的发展与社会伦理、人文关怀等思政要素相结合，引导学生思考科技创新对社会的影响和责任。提高学生的学科整合能力和跨学科思维能力，培养综合素养。

1.跨学科融合的课程主题

跨学科课程设计可以以具有综合性和跨领域特点的主题为核心，如可持续发展、全球化、创新与创业等。这样的主题涉及多个学科领域的知识和概念，通过跨学科融合的方式，学生可以全面了解相关问题的不同层面，并学会综合运用各学科的方法和工具分析和解决。

（1）可持续发展

这个主题涉及环境科学、经济学、社会学、伦理学等多个学科领域。学生可以学习环境保护与生态平衡、经济发展与资源利用、社会公正与可持续性等方面的知识。通过跨学科融合，学生可以探讨如何在经济发展中实现环境可持续性，如何平衡社会利益与环境保护的关系，培养学生的环境意识和可持续发展思维。

（2）全球化

这个主题涵盖国际关系、文化交流、经济合作等学科领域。学生可以学习不同国家和文化之间的联系与互动，全球问题的解决方式，以及全球化对经济、社会和文化带来的影响。通过跨学科融合，学生可以深入了解全球化的复杂性和多样性，培养跨文化交流与合作的能力，增强全球视野和国际意识。

（3）创新与创业

这个主题涉及科学技术、经济管理、社会创新等多个学科领域。学生可以学习创新思维、创业精神、科技发展等方面的知识。通过跨学科融合，学生可以探讨科技创新与社会发展的关系，了解创新与创业的实践过程，培养创新意识和创业能力。

在课程设计中，教师可以根据主题的特点，整合相关学科的知识和概念，采用跨学科教学方法，引导学生树立跨学科思维，达到思政教育的目标。

2.跨学科课程内容的设计

在跨学科课程设计中，教师可以通过精心安排和整合各个学科的内容，使学生在学习过程中全面认识问题和现象。例如，在探讨环境问题时，可以结合地理学、生态学、经济学等学科的知识，引导学生了解环境保护的科学原理、经济影响和社会责任。通过这样的设计，学生可以综合运用不同学科的知识，形成更全面的思考和分析能力。

（1）确定核心问题或主题

教师首先需要确定跨学科课程的核心问题或主题，这个问题或主题应该涉及多个学科的知识和概念。例如，如果主题是城市可持续发展，涉及的学科可以包括城市规划、环境科学、经济学、社会学等。

（2）确定学科知识和概念

教师需要确定每个学科在该主题下的核心知识和概念。例如，在城市可持续发展的主题中，地理学可以提供有关城市规划和土地利用的知识，环境科学可以提供有关城市环境保护和资源管理的知识，经济学可以提供有关城市经济发展和可持续性的知识。

（3）整合学科内容

教师需要整合各个学科的内容，以形成有机的学习框架。这可以通过设计综合性的课程模块或单元实现。例如，在城市可持续发展的课程中，可以设计一个单元探讨城市规划与环境保护的关系，包括学习城市规划原理、绿色建筑设计、可再生能源利用等相关内容。

（4）提供跨学科学习机会

教师可以设计跨学科学习任务或项目，让学生在实际问题中应用不同学科的知识和方法。例如，在城市可持续发展课程中，学生可以组成小组，研究一个具体的城市案例，并提出综合性的可持续发展解决方案。这样的学习机会可以帮助学生发展跨学科思维和解决问题的能力。

（5）引导学生开展综合性分析

教师应该引导学生开展综合性的分析和思考，整合不同学科的知识和概念，并形成全面的观点和结论。例如，在城市可持续发展课程中，学生可以综合考虑城市规划、环境保护和经济发展之间的相互关系，分析城市发展的挑战和机遇，并提出符合可持续性原则的城市发展策略。

在跨学科课程内容设计的过程中，教师应该总结和反思，总结经验教训，评估课程的有效性和可持续性。教师可以与其他教师和学生反馈交流，了解他们的观点和建议，以不断改进和完善跨学科课程的内容和教学方法。

通过精心设计和整合各个学科的内容，跨学科课程可以为学生提供全面认识问题和现象的机会，培养跨学科思维和综合分析能力。这种综合性的学习体验将使学生能够应对复杂的现实问题，并为未来的职业发展做好准备。同时，跨学科课程的内容设计也有助于促进学科之间的交流与合作，提升高校思政课程的创新性和实践性。

3.跨学科教学方法的运用

跨学科课程设计需要教师采用多种教学方法和策略，以激发学生的学习兴趣和参与度。例如，可以通过小组讨论、案例分析、实践活动等形式，让学生在跨学科的学习环境中展开合作与探索。

（1）小组讨论和合作学习

教师可以组织学生开展小组讨论，让他们在跨学科的学习环境中交流和分享不同学科的观点和知识。通过小组合作，学生可以互相启发，促进跨学科思维的发展，并提高对问题的综合分析和解决能力。

（2）案例分析和问题解决

教师可以引入具体案例或问题，让学生跨学科分析和解决。通过案例分析，学生可以将不同学科的知识和概念应用于实际情境，培养综合运用学科知识的能力，并加深对思政教育的理解和应用。

（3）实践活动和项目设计

教师可以组织实践活动或跨学科项目设计，让学生在实际操作中应用各学科的知识和技能。例如，在探索环境保护问题时，学生可以组织环保义工活动，结合地理、生态学等学科的知识，实际参与环境保护行动，增强环境意识和社会责任感。

（4）资源整合和互联网应用

教师可以整合各学科教学资源，利用互联网等现代技术手段提供跨学科学习的机会。通过在线教学平台、学术数据库等资源，学生可以获取多样化的学科信息和资料，拓宽学科视野，促进学科交叉和融合。

（5）跨学科评估和反馈

教师可以设计跨学科评估方式，评估学生在综合学科能力和思政素养方面的表现。评估可以包括个人作业、团队项目、展示演讲等形式，通过评估结果，教师可以及时提供针对性的反馈和指导，帮助学生不断提升跨学科学习能力。

通过运用多样化的跨学科教学方法，教师可以创造积极的学习环境，激发学生的主动性和创造力，培养综合素养和解决现实问题的能力。这种全面而综合的学习体验有助于学生在新时代中全面发展，拓宽视野并迎接未来的挑战。同时，跨学科教学方法的应用也能促进思政教育的有效实施，将思想政治教育与学科知识的学习相结合，使学生在学习过程中不仅获得专业知识，还能培养良好的思想道德素养和社会责任感。

第八章 高校课程思政建设的信息化应用

第一节 高校课程思政建设的信息化应用现状

一、课程思政教学体系和资源的信息化建设

从教学逻辑看，课程思政教学是一个体系化工程，教材建设是体现国家意识形态以及主流价值观念的重要载体。本文强调将专业课程教材内容和思政课程理论体系逻辑转换为教学的问题逻辑体系，充分挖掘专业课程教学中的思政元素。从教育技术学角度看，课程思政教学是教师和学生双向互动的过程，学生通过感知教材理解专业知识和思政教育，因此，需要将教材体系转化为教学体系。然而，在实施中，我们又必须意识到：不同的专业课程具有不同的教学内容和方法，因此在具体的转化中可以遵循如下原则。

（一）用科学的世界观、方法论分析专业课程内容

在自然科学和人文社科等专业课程中，教师可以通过运用科学的世界观和方法论分析专业课程内容，从而引导学生坚定马克思主义的基本原理和哲学道理。

1.科学的世界观和方法论

教师在教授专业课程的过程中，应注重培养学生的科学思维和方法论。科学的世界观强调客观、全面、系统地认识事物，教师可以引导学生从科学的角度认识专业问题，以客观的态度对待问题，避免主观臆断和偏见。同时，教师还可以引导学生运用科学的方法论，如观察、实验、推理、模型建立等，分析和解决专业问题，培养学生的科学思维和实践能力。

（1）客观性和客观分析

科学的世界观强调客观性，即基于客观事实和数据的认识和分析。教师可以教导学生通过观察、实验、调研等手段，收集客观的数据和事实，同时引导学生客观分析收集到的数据，提取关键信息，发现潜在的规律和关联，从而对专业问题有更准确的认识。

（2）综合性和系统思维

科学的世界观要求综合性和系统性地认识事物。教师可以引导学生整合专业课程中的知识点和概念，构建知识体系和网络，帮助学生建立起对专业领域的整体认识。通过系统思维，学生可以理清知识之间的联系和层次，形成更深入的理解，并能够将所学的知识应用于实际问题的解决。

（3）科学地推理和逻辑思维

科学的方法论包括推理和逻辑思维。教师可以教授学生科学的推理方法，如归纳、演绎、假设等，引导学生运用逻辑思维分析和解决专业问题。通过推理和逻辑思维，学生可以从已知的事实和信息中得出合理的结论，并开展预测和推断，培养学生的分析和判断能力。

（4）实证主义和实证研究

科学的世界观强调实证主义，即基于实证研究的方法和证据支持观点和理论。教师可以向学生介绍实证研究的基本原则和方法，教导学生开展科学的实证研究，包括问题的提出、研究设计、数据采集和分析等步骤。通过实证研究，学生可以通过实践验证和证明专业问题，提高学生对专业知识的信心和应用能力。

2.分析专业课程内容

教师可以科学地分析专业课程内容，突出专业知识的逻辑性和体系性。通过对专业知识的深入剖析和讲解，教师可以展示出科学知识的内在联系和发展规律，引导学生理解专业知识的本质和意义。同时，教师还可以将专业问题与相关的学科理论、研究方法相结合，启发学生思考专业问题的本质和解决路径。

（1）定义专业课程的核心概念

教师可以首先明确专业课程的核心概念和基本原理，确保学生对专业知识的基本概念有清晰的理解。这有助于建立起学生对专业领域的整体认识和框架，为进一步的分析和探索奠定基础。

（2）分析专业课程的学科背景

教师可以将专业课程置于其所属学科的背景中，说明专业知识与相关学科的关系和互动。这有助于学生理解专业课程的学科性质、研究方法和知识来源，以及其在学科发展中的地位和作用。

（3）解读专业课程的理论框架

教师可以引导学生深入理解专业课程的理论框架和基本原理。通过解读相关的学术理论和研究成果，教师可以帮助学生把握专业知识的内在逻辑和思维方式，培养学生运用科学的思维方法分析问题和解决问题的能力。

（4）探索专业课程的实践应用

教师可以引导学生探索专业课程的实践应用，并分析专业知识在实际问题解决中的价值和意义。通过案例分析、实践活动和实地考察等方式，教师可以帮助学生将专业知识与实际情境相结合，培养运用科学的方法论解决实际问题的能力。

（5）强调专业课程的学术规范和伦理要求

教师可以提醒学生专业课程的学术规范和伦理要求，促使他们在学习和实践中遵循科学的道德标准和职业操守。教师可以引导学生认识到科学研究的诚信性和可靠性对专业发展的重要性，并鼓励他们注重学术诚信和实践道德。

3.引导学生坚定马克思主义基本原理和哲学道理

在分析专业课程内容的过程中，教师可以引导学生坚定马克思主义的基本原理和哲学道理。例如，教师可以通过案例分析、讨论和演示等形式，向学生介绍马克思主义的历史渊源、核心观点和实践价值。教师还可以引导学生运用马克思主义的基本原理，分析专业问题的根源和发展趋势，培养学生的批判思维和辩证能力。

（1）引导学生了解马克思主义的基本理论

教师可以向学生介绍马克思主义的基本理论，包括历史唯物主义、辩证唯物主义、阶级斗争理论、剩余价值理论等。通过解读和讨论这些理论，教师可以帮助学生理解马克思主义思想的内涵和核心观点。

（2）分析专业问题的阶级性和社会性

教师可以引导学生从阶级斗争和社会关系的角度分析专业问题。通过分析专业问题背后的阶级矛盾和社会关系，教师可以帮助学生认识到专业问题不仅仅是技术层面的挑战，还涉及社会利益和社会发展的方向。

（3）探讨马克思主义在专业领域中的应用

教师可以引导学生探讨马克思主义在专业领域中的应用，包括马克思主义对专业发展的指导意义和实践价值。通过案例研究和实际问题的分析，教师可以帮助学生理解马克思主义思想在专业实践中的具体应用，并培养学生运用马克思主义方法分析问题和解决问题的能力。

（4）强调马克思主义的人类解放思想

教师可以强调马克思主义的人类解放思想，即通过实现社会主义和共产主义的理想，推动人类的全面发展和自由解放。教师可以引导学生思考专业知识和专业实践与人类解放的关系，激发学生对专业事业的社会责任感和使命感。

（5）培养学生的批判思维和辩证能力

教师可以通过提出问题、激发讨论和开展辩证分析等方式，培养学生的批判思维和辩证能力。教师可以引导学生分析专业问题的多方面因素，避免片面和表面的认识，培养学生全面、深入地思考问题的能力。

4.信息化建设的支持

信息技术的应用为课程思政教学提供了有力支持。教师可以利用多媒体教学工具、网络资源和在线学习平台，呈现专业知识的多样化形式，丰富教学内容。

（1）多媒体教学工具

教师可以利用多媒体教学工具，如投影仪、电子白板、音频设备等，以图文、声音、视频等多种形式展示和讲解专业课程内容。通过多媒体的呈现方式，教师可以生动地展示专业知识的实际应用场景、实验过程和研究成果，激发学生的学习兴趣和积极性。

（2）网络资源和在线学习平台

教师可以利用网络资源和在线学习平台，为学生提供丰富的学习资料和学习工具。教师可以收集和整理相关的学术文献、案例分析、学习视频等资源，供学生自主学习和深入研究。在线学习平台还可以提供讨论区、在线作业、考试测评等功能，促进学生之间的互动交流和学习成果的评估。

（3）虚拟实验和模拟软件

对于一些实验类专业课程，教师可以利用虚拟实验和模拟软件，提供实验场景的模拟和操作演示。学生可以在虚拟环境中进行实验操作，观察实验结果，并通过模拟软件开展数据分析和推导实验结论，从而加深对专业知识和实验原理的理解。

（4）在线课堂和远程教学

通过信息技术的支持，教师可以开展在线课堂教学和远程教学。教师可以通过视频会议工具与学生实时互动教学，提供线上答疑和讨论的机会。远程教学还可以打破时空限制，让学生无论身在何处都能接受到高质量的专业课程教育。

（5）数据分析和科研工具

信息化建设还提供了强大的数据分析和科研工具，教师可以利用数据分析软件和统计工具，数据挖掘和分析专业问题，揭示潜在的规律和关联。这有助于学生理解专业知识在实践中的应用和意义，并培养学生运用科学方法论研究和创新的能力。

（二）以问题的形式梳理教学内容，构建基于问题逻辑的教学体系

构建基于问题逻辑的教学体系是一种有效的课程思政教学方法，它通过以问题为核心，引导学生思考、分析和解决问题，培养学生的批判性思维和创新能力。

1.问题的选取

在教学设计中，教师可以根据专业课程内容和学生的学习需求，精心选择与专业领域相关的问题。这些问题可以是实际问题、理论问题或学术争议等，具有一定的挑战性和启发性，能够激发学生的兴趣和思考。

2.问题的引入

教师在教学过程中，可以通过提出问题的方式引入专业课程内容。通过引入问题，教师可以激发学生的思考和好奇心，激发学生的学习兴趣，并引导学生初步探索和猜测问题。

3.问题的讨论与分析

在引入问题之后，教师可以组织学生讨论与分析问题。学生可以通过小组讨论、辩论、案例分析等方式，探讨问题的背景、原因、影响等方面，并分析问题涉及的学科知识和理论，以及可能的解决方法和策略。

4.问题的解决与实践

在问题的讨论与分析阶段之后，教师可以引导学生解决问题。学生可以运用所学的专业知识、科学方法和技能，积极参与实践活动，寻找解决问题的途径和策略，开始实际操作和实验验证。

5.问题的反思与总结

在问题的解决与实践之后，教师可以组织学生反思与总结问题。学生可以回顾整个解决问题的过程，总结经验和教训，评价解决方案的有效性，并深入理解和巩固问题相关的学科知识和理论。

通过以上步骤，教师可以构建一个基于问题逻辑的教学体系，将专业课程内容与问题紧密结合，使学生在解决问题的过程中不断掌握和应用专业知识，培养批判性思维、创新能力和问题解决能力。

（三）构建教育信息资源与数字化教学资源

教育资源中最核心的内容就是信息资源，在课程思政教育教学过程中，经常用的教育信息资源或数字化教学资源包括多媒体教学课件、网络课程、虚拟仿真系统、教育游戏、学习网站、软件工具等几大类。结合专业课和思政课的性质及其教学特点和规律，通过研发积件式数字化教学软件系统构建课程教育信息资源。

1.多媒体教学课件

教师可以利用多媒体教学课件，通过图像、音频、视频等多种媒体形式，将专业知识形象地呈现给学生。多媒体教学课件可以帮助学生更直观地理解和记忆知识点，提高学习效果。

2.网络课程

教师可以开设网络课程，利用网络平台和在线学习系统，提供在线教学资源和学习材料。学生可以根据自己的时间和节奏学习，同时通过在线讨论、互动和作业等方式，与教师和其他学生交流和合作。

3.虚拟仿真系统

针对某些专业课程需要开展实验和操作的情况，教师可以利用虚拟仿真系统模拟实验环境和操作过程。学生可以在虚拟环境中实验和操作，获得实践经验和技能，提高实际应用能力。

4.教育游戏

教育游戏是一种融合游戏性和教育性的学习形式。通过设计有趣的教育游戏，教师可以激发学生的学习兴趣和主动性，培养解决问题的能力和团队合作精神。

5.学习网站和资源库

教师可以利用学习网站和资源库，收集和整理与专业课程相关的学习资料、论文、案例等资源，为学生提供丰富的学习资料和参考文献。学生可以通过访问这些网站和资源库，自主学习和研究相关内容。

6.软件工具

教师可以利用各种专业软件工具，如数据分析软件、编程工具、模拟软件等，帮助学生实践和应用。通过使用这些软件工具，学生可以开展数据处理、模拟实验、项目设计等实际操作，提高专业技能和创新能力。

二、信息技术与课程思政教育融合存在的问题

目前，国内大部分地方高校在课程思政教育中普遍采用多媒体课件教学，教学课件千篇一律，课程思政教学效果不如意。更为明显的缺陷是：专业教育与思政教育的脱节，造成信息技术在课程思政建设中的融合程度普遍不高，存在诸多误区。

（一）课程思政信息化框架模糊

在将信息技术与课程思政教育融合的过程中，存在着课程思政信息化框架模糊的问题。这一问题主要表现在信息化在课程思政教育中的具体应用和定位不够清晰。

1. 教学载体的过渡突出

在课程思政教育中，往往过于强调多媒体教学课件的设计和制作，将信息化仅仅局限于教学方法的范畴。这种情况下，多媒体教学课件成为信息化的主要表现形式，而忽视了更深层次的思政教育内容和目标。因此，需要更加明确和清晰地划定信息技术在课程思政教育中的作用和地位，将其作为辅助手段而非唯一目标。

2. 教师信息技术水平的不足

在实际应用中，许多思政教师的信息技术水平相对较低，缺乏对信息技术的深入理解和应用能力。这导致多媒体教学的水平和效果并不理想，无法充分发挥信息技术在课程思政教育中的潜力。因此，有必要加强思政教师的信息技术培训和能力提升，提高其对信息化教学的认识和运用能力。

3. 教学内容组织的不足

信息化教学需要教师在课程思政教育中更加注重教学内容的组织和设计，而不仅限于技术工具的运用。课程思政教育应当注重培养学生的思维能力、创新能力和批判精神，而信息技术应当作为实现这些目标的辅助手段。因此，教师需要更好地规划和组织教学内容，将信息技术与思政教育的核心理念和目标相结合，形成有机的整体。

4. 信息技术应用的不足

在构建课程思政教育信息化框架时，需要考虑信息技术的一体化应用，包括有机地结合多媒体教学、网络资源、虚拟仿真系统、教育游戏等多种信息技术手段，形成一个完整的教学体系。同时，还需要注重教学资源的整合和共享，避免信息化教学中的孤立存在和资源浪费。通过建设统一的教育信息平台，教师和学生可以方便地获取和共享教学资源，实现信息的高效利用和共同学习。

总之，信息技术与课程思政教育的融合是当前教育发展的趋势，但在实践中仍存在课程思政信息化框架模糊的问题。通过明确信息技术在课程思政教育中的定位和作用，加强教师的信息技术培训和能力提升，注重教学内容的组织和设计，推动信息化教育资源的开发和更新，保障教育信息的安全和隐私保护，可以逐步解决这一问题，实现信息技术与课程思政教育的良性融合，提升教学质量和学生的综合素养。

（二）课程思政教学体系的建立未体现信息技术优势

信息技术作为一种重要的工具和手段，应该在课程思政教育中得到充分的应用和发挥。然而，在实际融合过程中存在一些问题，其中之一是课程思政教学体系的建立未能充分体现信息技术的优势。

1.信息技术应用的片面性

在课程思政教学中，信息技术往往被局限于多媒体教学课件的制作和使用，忽视了信息技术在提供互动性、创新性和个性化学习的优势。教师应该意识到信息技术的多样性和灵活性，积极探索和应用信息技术在课程思政教育中更广泛和更深入的应用，如在线学习平台、虚拟实验室、教育游戏等，以提升学生的学习体验和主动参与度。

2.教学设计的单一化

在课程思政教学中，教学设计往往过于单一，缺乏创新和多样性。信息技术为教师提供了丰富的教学资源和工具，可以实现个性化和差异化教学。教师应该积极探索和应用不同类型的教学资源，设计多样化的教学活动，鼓励学生主动参与和探索，以激发学生的学习兴趣和创新能力。

3.教学评价的局限性

在信息技术与课程思政教育融合的过程中，教学评价也面临一些问题。传统的评价方式主要注重学生的知识掌握和记忆能力，而缺乏对学生思想品德、创新能力和综合素质的评价。信息技术可以为评价提供更多的可能性，如通过在线测验、作业提交、学习记录等方式开展自动化评价和数据分析，以获取学生的学习情况和表现。此外，还可以引入学生自评和同学互评的机制，促进学生的自我反思和合作学习。教师应该创新评价设计，综合运用不同的评价方法和工具，以全面了解学生的学习效果和发展情况。

解决信息技术与课程思政教育融合中存在的问题需要综合的努力和支持。教育机构应加强师资培训，提高教师的信息技术素养和教学设计能力。同时，建立健全的教育信息化支持体系，提供丰富的数字化教学资源和平台，以满足教师和学生的需求。教师和学生也应加强自身的学习和应用，积极参与信息技术与课程思政教育的融合实践。

总之，信息技术与课程思政教育的融合是推进教育创新和提高教学效果的重要途径。然而，当前在融合过程中还存在一些问题，如课程思政教学体系的建立未体现信息技术优势，教师信息技术素养的不足，教学设计的单一化以及教学评价的局限性。通过加强教师培训，提供教育信息化支持，创新教学设计和评价方法，可以不断优化信息技术与课程思政教育的融合，更好地实现课程思政教育的目标，培养德智体美劳全面发展的社会主义建设者和接班人。

（三）课程思政教育资源的信息化程度低

课程思政教育是一项关系到学生综合素质培养的重要工作，信息技术的融入可以为课程思政教育带来新的发展机遇。然而，目前在信息技术与课程思政教育的融合中存在一个问题，即课程思政教育资源的信息化程度较低。

首先，当前地方高校课程思政教学资源主要以多媒体课件为主。这种资源形式通常由教师自行制作或从网络上搜集而来，制作过程较为简单，信息化程度有限。这种情况导致课程思政教育资源的内容和形式相对单一，难以满足学生多样化的学习需求和教学目标。同时，由于多媒体课件的制作水平参差不齐，教学效果也无法保证。

其次，课程思政教育资源的信息化开发程度较低，共享性较差。目前，大部分地方高校的教育资源开发仍停留在个体教师或教研室层面，缺乏统一的规划和协同开发机制。这导致教育资源的质量和数量难以得到保证，无法形成规模化、系统化的资源库。同时，由于缺乏共享平台和机制，教师之间的资源交流和共享也较为有限，无法充分利用已有的优质教育资源，提高教学质量。

再次，当前的课程思政教育资源无法实现师生之间的交流互动和学生的自主学习。信息技术应该为师生提供更多的互动和参与机会，然而目前的教育资源往往只是由学生被动接受，学生缺乏主动参与和探索的机会。缺乏交互性的资源限制了学生的思辨能力和创新能力的培养。同时，缺乏适应自主学习的资源和环境，学生的学习方式仍然依赖于传统的面对面授课，无法实现个性化学习的目标。

最后，信息技术在课程思政教育中的翻转课堂、混合式教学等教学模式的应用还比较有限。翻转课堂可以借助信息技术的支持，将教师讲授的知识和概念通过在线视频、学习平台等形式提前呈现给学生，在课堂上注重学生的互动、讨论和实践，提高学生的学习参与度和深度。而混合式教学则结合线上和线下的学习环境，通过在线资源和面对面教学相结合的方式，提供更灵活、个性化的学习体验。

此外，教育资源的信息化程度和共享性也是一个问题。当前的教育资源开发主要依赖于个体教师或教研室，缺乏统一的规划和协同开发机制。这导致教育资源的质量和数量有限，无法形成规模化、系统化的资源库。同时，缺乏共享平台和机制，限制了教师之间的资源交流和共享，无法充分利用已有的优质教育资源，提高教学质量。

第二节　高校课程思政建设的信息化应用策略

一、从教育技术学的角度构建课程思政信息化教学活动

在高校课程思政建设的信息化应用中，可以从教育技术学的角度构建课程思政信息化教学活动，以优化教学过程、提升教学效果为目标。

（一）分析课程思政教学结构

通过仔细分析课程的目标、内容、教学方法和评估方式等方面，可以明确信息技术在其中的应用空间和价值，为教学活动的设计和实施提供指导。

1. 目标分析

首先，需要明确课程思政教学的目标。课程思政旨在培养学生的思想道德素养、社会

责任感和创新能力，以及提升他们的综合素质。在信息化应用中，可以通过信息技术的辅助手段，促进学生的自主学习、合作学习和创新实践，达到培养目标的效果。

2.内容分析

课程思政教学的内容包括马克思主义基本原理、中国特色社会主义理论体系、中国特色社会主义伟大事业和中国梦等方面的内容。在信息化应用中，可以通过数字化教材、多媒体资源和网络资源等方式，丰富教学内容，提供多样化的学习材料和案例，激发学生的学习兴趣和参与度。

3.教学方法分析

课程思政教学的方法注重启发式教学、案例分析、讨论和实践等活动。在信息化应用中，可以利用在线学习平台和虚拟仿真系统等工具，开展在线讨论、模拟实验和案例分析，提供互动性和实践性的教学体验，促进学生思辨能力和问题解决能力的培养。

4.评估方式分析

课程思政教学的评估方式包括课堂表现、作业报告、小组讨论和考试等形式。在信息化应用中，可以利用在线作业提交和自动评分系统，实现作业的快速反馈和评估，同时可以通过在线问卷调查和讨论板块，收集学生的意见和建议，为教学改进提供依据。

基于对课程思政教学结构的详细分析，可以确定信息技术在教学活动中的具体应用策略。例如，可以利用多媒体教学课件和在线资源，辅助教师讲解和呈现教学内容；通过在线学习平台和虚拟实验室，开展学生的自主学习和实践活动；利用在线讨论和合作学习工具，促进学生之间的互动和合作；使用在线评估工具和学习分析系统，实时监测学生的学习进展并提供个性化的反馈和指导。

此外，还可以结合课程思政教学的特点，采用翻转课堂和混合式教学等创新教学模式。通过预习视频、在线讨论和实践活动等形式，引导学生在课堂上深入思考和探讨，教师则充当指导者和促进者的角色，提供个性化的指导和辅助。

（二）构建课程思政教学信息系统

构建课程思政教学信息系统是高校课程思政建设的重要任务之一。该信息系统旨在整合和管理教学资源，支持教学活动的设计和实施，提供学生学习的支持和评估，从而实现课程思政教学的规范化、系统化和个性化。

1.教学资源的组织与管理

信息系统可以用于集中管理和组织课程思政教学所需的各类教学资源，包括教材、课件、多媒体资料、案例分析、学术文献等。教师可以通过系统上传、存储和共享资源，方便教学资源的获取和利用。

2.教学活动的设计与实施

信息系统可以提供教学活动的设计工具和支持，教师可以在系统中创建课程计划、课时安排、教学活动设计等。系统可以提供模板和指导，帮助教师设计符合课程思政教育要求的教学活动，并支持教师与学生之间的在线交流和互动。

3. 学生学习的支持与评估

信息系统可以为学生提供学习支持和资源，包括在线学习材料、学习指导、讨论论坛等。学生可以通过系统获取课程相关的学习资源，并记录和管理学习进度。系统还可以提供在线作业提交、考试评估等功能，帮助教师评估和反馈学生的学习情况。

4. 个性化学习与管理

信息系统可以根据学生的个体差异和学习特点，提供个性化的学习支持和管理。通过系统地学习分析功能，可以跟踪和评估学生的学习行为和学习成果，为教师提供个性化的教学建议和指导。

5. 教学质量监控与改进

信息系统可以收集和整理课程思政教学的相关数据，包括学生的学习成绩、评估结果、教师的教学反馈等。通过数据分析和统计，可以监控和评估教学质量，及时发现问题和改进教学策略。

在构建课程思政教学信息系统时，需要考虑六个方面的因素。

（1）技术支持与基础设施

确保信息系统的稳定运行和可靠性，包括网络连接、服务器设备、数据库管理等方面的技术支持和基础设施建设。

（2）用户界面和易用性

信息系统应该具有友好的用户界面，使教师和学生能够轻松地操作和访问系统。界面设计应简洁明了，功能布局合理，便于用户快速上手且高效地使用系统。

（3）数据安全和隐私保护

在构建信息系统时，要确保学生和教师的数据安全和隐私得到有效保护。采取适当的安全措施，如数据加密、访问权限管理和防火墙设置，防止未经授权的人员获取敏感信息。

（4）教师培训与支持

为教师提供相应的培训和支持，使其能够充分理解和熟练使用课程思政教学信息系统。培训内容可以包括系统操作指导、教学设计和评估方法等方面的知识和技能。

（5）不断改进和创新

信息系统的构建是一个不断改进和创新的过程。教育技术领域的发展日新月异，需要及时关注和采纳新的技术和方法，不断优化和完善课程思政教学信息系统，以适应教育环境的变化和教学需求的提升。

（6）资源整合与共享

信息系统应支持教学资源的整合和共享。教师和学生可以通过系统共享优质的教学资源，促进教学经验的交流和共享，提高教学质量和效果。

总之，构建课程思政教学信息系统是高校课程思政建设的重要举措。通过该系统的搭建，可以实现教学资源的组织与管理、教学活动的设计与实施、学生学习的支持与评估等多个方面的目标。同时，需要关注技术支持、用户界面和易用性、数据安全与隐私保护、教师的培训与支持等因素，以确保信息系统的稳定性、安全性和有效性。通过持续的改进和创新，实现教育信息化与课程思政教育的深度融合，提升课程思政教育的质量和效果。

（三）教学活动的信息化设计

在教学活动的设计中充分考虑信息技术的应用。例如，利用多媒体教学工具呈现专业知识的多样化形式，提供学生参与互动的机会；借助网络平台开展在线讨论和合作学习；通过虚拟仿真系统开展实践操作等。通过信息技术的支持，提高教学活动的效率和质量。

1.多媒体教学工具的应用

多媒体教学工具可以用于展示课程思政教学所需的文字、图像、音频和视频等多种形式的内容。教师可以使用幻灯片、动画、视频等多媒体元素，以生动形象的方式呈现专业知识，激发学生的兴趣和好奇心。

2.网络平台的利用

借助网络平台，教师可以开设在线课程、课程讨论区和学习社区等，为学生提供参与互动的机会。学生可以通过网络平台与教师和同学交流和合作，分享学习资源和经验，促进学习效果的提升。

3.虚拟仿真系统的应用

对某些实践操作类的课程思政教学活动，可以利用虚拟仿真系统提供实践环境和场景。学生可以在虚拟环境中开展实际操作和模拟实验，探索和体验专业知识的应用，加深对概念和原理的理解。

4.移动学习的推广

结合移动设备和移动应用程序的发展，教师可以推广移动学习，让学生随时随地获取学习资源，参与学习活动。通过移动学习，学生可以自主学习、随时复习和参与在线讨论，提高学习的便捷性和灵活性。

5.数据分析和个性化学习支持

信息化教学活动的设计可以收集学生的学习数据，利用数据分析技术为学生提供个性化的学习支持。通过分析学生的学习情况和表现，教师可以指导和反馈个体的需求和问题，帮助学生提高学习效果。

6.开放教育资源的利用

借助开放教育资源，教师可以引入优质的教学资源，拓宽课程思政教学的视野和内容。开放教育资源可以包括开放课程、开放教材、开放学习资源库等，教师可以根据课程需求选择和使用适当的资源，丰富教学内容。

总之，从教育技术学的角度构建课程思政信息化教学活动需要充分考虑教学目标、学生参与、教学资源、学习过程的可视化与反馈以及教学活动的评估与改进等方面。通过合理的信息化设计，可以提升课程思政教学的质量和效果，促进学生综合素质的提升。

二、通过信息技术实现课程思政教材体系向教学体系转化

认识课程思政教学的本质，把握专业课程和思政课教学规律，综合运用"微课程""慕课"等信息技术手段开展课程思政教学活动，从而达到通过信息技术提升思政课教育教学效果的目的。

（一）认识课程思政教学的本质

课程思政教学旨在培养学生的思想道德素质和综合能力，使其具备正确的世界观、人生观和价值观。教师需要深入了解课程思政教学的本质和特点，理解专业课程与思政课程的有机结合，以便更好地运用信息技术支持教学。

1. 培养思想道德素质和综合能力

课程思政教学的本质在于培养学生的思想道德素质和综合能力。思政教育是通过课程设置和教学实践引导学生形成正确的世界观、人生观和价值观，促进学生全面发展。它强调对学生的思想认知、情感态度和行为习惯等方面的培养，以培养学生的全面素质为核心目标。

2. 综合性与系统性

课程思政教学具有综合性和系统性特点。它不仅涉及道德、政治、法律等思想道德素质的培养，还涉及学科知识、文化素养、创新能力等综合能力的培养。课程思政教学需要综合运用多种教育手段和方法，有机结合不同学科和内容，形成一个有机的教学体系。

3. 教育与教学的有机统一

课程思政教学本质上是教育和教学的有机统一。教育是广泛的，它包含了对学生全面发展的要求和目标；教学是具体的，它通过教师的教学行为和学生的学习行为实现教育目标。课程思政教学要求将教育和教学有机地结合，通过教学的过程和方式，引导学生形成正确的思想观念和行为习惯。

4. 学科与思政的有机结合

课程思政教学需要将专业课程与思政课程有机结合。它要求在专业课程的教学中融入思政教育的内容和要求，将专业知识与思想道德素质的培养相结合，增强学生对专业知识的理解和应用，同时培养学生的思辨能力和创新能力。

（二）把握专业课程和思政课教学规律

针对不同专业领域的课程思政教学，教师需要准确把握专业课程和思政课程的教学规律。通过与专业教师的合作和交流，了解专业课程的核心知识和技能，将思政教育融入到专业教学中，有机地整合。

1. 了解专业课程的核心知识和技能

教师需要与专业教师合作和交流，深入了解所授专业课程的核心知识和技能。通过与专业教师的沟通，教师可以了解专业课程的教学目标、教学内容和教学方法，掌握学科的最新发展动态和前沿知识。这有助于教师更好地有机结合思政教育与专业课程，形成整体

教学设计。

2.识别专业课程与思政教育的融合点

在了解专业课程的基础上，教师需要识别专业课程与思政教育的融合点。这要求教师对思政教育的核心内容和目标有清晰的认识，能够准确把握专业课程中与思政教育相关的知识、技能和价值观。通过识别融合点，教师可以将思政教育有机地融入专业课程的教学过程中，提升学生的思想道德素质和综合能力。

3.整合专业课程与思政课程的教学内容

基于对专业课程和思政教育的深入了解，教师需要整合和创新，有机结合专业课程与思政课程的教学内容。这要求教师在教学设计中，将思政教育的核心内容和目标融入专业课程的教学过程中。教师可以通过案例分析、讨论、实践活动等方式，引导学生思考和讨论与专业课程相关的伦理道德、社会责任等问题。

4.整合专业课程与思政课程的教学方法

除了教学内容的整合，教师还需要有机结合专业课程与思政课程的教学方法。这要求教师在教学过程中灵活运用不同的教学方法，以满足专业课程和思政课程的教学需求。教师可以结合专业课程的特点和思政教育的目标，选择合适的教学方法，如讲授、案例分析、小组讨论、实践活动、项目研究等。通过灵活运用教学方法，教师可以促进学生的主动参与和思考，培养学生的创新能力和团队合作精神。

（三）综合运用"微课程"和"慕课"等信息技术手段

信息技术提供了丰富多样的教学手段，其中包括"微课程"和"慕课"等。教师可以借助这些技术手段，分解和精细化处理课程思政教学内容，形成一系列短小精悍的教学资源，方便学生随时随地学习和消化。

1.微课程

微课程是以短小精悍的形式呈现的教学资源，通过视频、音频、文字等多种媒体形式，分解和精细化处理知识点。教师可以根据课程思政的教学内容，将其拆解成一系列微课程，每个微课程重点讲解一个知识点或概念。学生可以根据自己的学习进度和需求，随时随地通过电脑、手机等设备观看微课程，加深对知识点的理解和记忆。

2.慕课

慕课是指大规模开放在线课程（Massive Open Online Course），通过网络平台提供的面向广大学生开放的在线课程。教师可以利用慕课平台创建课程思政的慕课，系统化地组织和呈现课程内容。慕课通常包括视频讲座、在线讨论、作业和测验等环节，学生可以根据自己的兴趣和学习需求自主选择参与学习。慕课平台还提供学习进度追踪、在线交流和评估等功能，教师可以通过慕课平台及时了解学生的学习情况，并给予个性化的指导和反馈。

3.教学平台和在线资源库

高校可以建立课程思政的教学平台，整合和管理各类教学资源。教师可以在教学平台上上传和分享课程思政的教学材料、课件、案例分析等资源,方便学生获取和学习。同时,学生也可以在平台上讨论和互动,加强与教师和同学之间的交流和合作。此外,高校还可以建立在线资源库,收集和分享与课程思政相关的学术论文、研究报告、学习资料等,为教师和学生提供更广泛的学习资源和参考资料。

（四）设计个性化学习路径和资源

基于学生个体差异和学习需求,教师可以设计个性化的学习路径和资源。信息技术可以提供学生自主选择学习内容、按需获取教学资源的机会,教师可以为学生提供多样化的学习资源,包括在线教材、学习资料、学习社区等。

1.学习路径的个性化设计

教师可以借助信息技术为学生设计个性化的学习路径。根据学生的学习水平、兴趣和学习目标,教师可以提供不同难度和深度的学习任务和活动,使学生在适宜的学习环境中自主学习。个性化学习路径可以根据学生的学习进展和表现动态调整,确保学生在适当的挑战和支持下持续进步。

2.学习资源的多样化提供

信息技术提供了丰富的学习资源,教师可以根据学生的需求和兴趣,为其提供多样化的学习资源。这些资源包括但不限于在线教材、学习资料、学术文献、案例分析、教学视频等。教师可以通过教学平台、在线资源库等方式,整合和分享这些资源,使学生能够根据自己的学习需求选择适当的学习材料,并根据自身情况深入学习和研究。

3.学习评估的个性化反馈

通过信息技术,教师可以实时了解学生的学习进展,并提供个性化的学习反馈。教师可以设计在线测验、作业和讨论等形式,评估和反馈学生的学习成果。基于评估结果,教师可以针对学生的不足之处提供有针对性的指导和支持,帮助学生更好地理解和掌握课程思政的内容。

4.学习社区的建立和互动

信息技术为学生提供了与教师和同学互动和交流的机会。教师可以通过在线学习平台或社交媒体等方式,建立学习社区,学生可以在这个社区中分享学习心得、讨论问题、提出疑问等。这种学习社区的互动可以促进学生之间的交流和合作,激发学生的学习兴趣和参与度。同时,教师也可以通过学习社区与学生互动,提供个性化的指导和支持,解答学生的问题,鼓励学生的思考和创新。

（五）引入互动与合作学习机制

信息技术为学生之间的互动和合作提供了便利。教师可以利用在线讨论平台、协作工具等,组织学生之间的互动和合作学习。学生可以通过互动交流、小组讨论等方式,共同探讨和解决问题,提升综合能力和团队协作能力。

1.在线讨论平台的运用

教师可以利用在线讨论平台,为学生提供一个开放的交流空间。学生可以在该平台上发布问题、分享观点，并与其他同学讨论。通过在线讨论，学生可以互相启发、思考问题，拓宽思维，加深对课程思政内容的理解。教师可以参与讨论，及时给予学生指导和反馈，促进思考和深入探究。

（1）创建虚拟学习社区

教师可以利用在线讨论平台创建一个虚拟的学习社区，让学生在这个平台上交流和讨论。学生可以发布问题、分享观点和经验，与其他同学互动。教师可以设立不同的主题板块，让学生按照专题讨论，形成学习小组或学习圈子。通过这种方式，学生可以自由表达观点、交流思想，激发彼此的思考和探究欲望。

（2）提供学习资源和引导问题

教师可以在在线讨论平台上提供相关学习资源，如课程材料、案例分析、学术论文等。同时，教师还可以设立问题讨论板块，引导学生围绕特定问题展开讨论。通过提供学习资源和引导问题，教师可以激发学生的学习兴趣，促进他们对课程思政内容的深入思考和探究。

（3）促进同学间的互动和合作

在线讨论平台可以成为学生之间交流和合作的场所。学生可以回复或讨论其他同学的观点，展开对话和互动。教师可以设立合作项目板块，鼓励学生组成小组合作完成任务或项目。通过互动和合作，学生可以相互启发，分享经验，拓宽思维，增强对课程思政内容的理解和应用能力。

2.协作工具的应用

信息技术提供了多种协作工具，如在线文档编辑、共享笔记、团队协作平台等。教师可以引导学生使用这些工具，在课程思政教学中开展小组项目、研究报告等合作学习活动。学生可以共同协作完成任务，分享资源、分工合作、讨论解决方案，培养团队协作和沟通能力。协作工具的应用使学生在合作中互相促进，形成群体智慧，共同提升学习效果。

（1）远程讨论

教师可以利用远程会议工具组织学生之间的远程讨论，让学生就特定的课程思政话题展开讨论。教师可以提前设定讨论议题，安排讨论时间，并在会议中引导学生发表观点、提出问题。学生可以利用语音或视频实时交流，分享自己的看法和经验，同时也能倾听其他同学的观点。通过远程讨论，学生可以扩展思维，开阔视野，深化对课程思政内容的理解。

（2）远程团队项目会议

在小组项目中，教师可以安排远程团队项目会议，通过远程会议工具团队讨论和沟通。学生可以共同讨论项目进展、解决问题、制订策略，并分配任务和制订工作计划。通过远程团队项目会议，学生可以协商决策、协调合作，培养团队协作和沟通能力，共同完成课程思政的项目任务。

（3）线上演讲和展示

通过远程会议工具，教师可以组织学生线上演讲和展示活动。学生可以准备演讲或展示内容，通过远程会议分享给全班或小组成员。其他学生可以提供反馈和评论，与演讲者互动交流。这种线上演讲和展示活动可以培养学生的表达能力和公众演讲技巧，同时促进学生之间的互动和合作。

（4）远程辅导和指导

除了学生之间的互动与合作，远程会议工具还可以用于教师与学生之间的远程辅导和指导。教师可以安排一对一或小组辅导会议，为学生解答问题、提供指导和反馈。通过远程辅导和指导，教师可以针对学生的个性化需求开展定制化的指导，帮助他们更好地理解和应用课程思政内容。

3.虚拟实验和模拟演练

信息技术提供了虚拟实验和模拟演练的机会，使学生可以在虚拟环境中开展实践性学习。通过模拟情境和案例，学生可以运用所学的思政知识决策、分析问题，培养判断力和解决问题的能力。教师可以利用虚拟实验和模拟演练的方式，引导学生深入思考和探究，加深对课程思政内容的理解。

（1）虚拟实验

信息技术提供了虚拟实验平台，可以模拟各种实验场景和操作过程。在课程思政中，教师可以利用虚拟实验平台，让学生通过模拟实验的方式，深入了解相关的思政理论和原则。学生可以在虚拟环境中实验操作，观察和分析实验结果，体验实验过程中的决策和问题解决。通过虚拟实验，学生能够加深对课程思政内容的理解，培养实践能力和实验思维。

（2）模拟演练

模拟演练是通过模拟情境和案例，让学生在虚拟环境中决策和应对挑战。教师可以借助信息技术提供的模拟平台，设计各种情境和案例，引导学生模拟演练。例如，在伦理与道德思政课程中，教师可以设计道德决策的模拟案例，让学生扮演不同的角色，面对道德困境做出决策，并理解决策的影响和后果。通过模拟演练，学生能够应用思政知识解决实际问题，培养判断力、责任感和解决问题的能力。

（3）讨论与反思

虚拟实验和模拟演练不仅提供了实践性的学习机会，还为学生之间的讨论和反思提供了平台。学生可以通过在线讨论平台或远程会议工具，分享自己的实验和模拟演练经验，交流思考和感悟。教师可以引导学生深入讨论，分析和比较不同的决策和解决方案，激发学生的思考和批判性思维。同时，学生也可以反思自己的实践过程，总结经验教训，提出改进建议。

通过虚拟实验和模拟演练的应用，学生能够在安全、可控的虚拟环境中实践性学习，避免了实际实验中可能存在的安全风险和资源限制。这为高校思政课程提供了更多的实践机会，丰富了教学内容和方法。

4.社交媒体和在线协作平台的应用

教师可以利用社交媒体和在线协作平台，建立课程思政学习社区。学生可以在社区中发布学习心得、观点分享，并与其他学生互动交流。通过社交媒体的互动性和在线协作平台的便捷性，学生之间可以开展跨时间、跨空间的交流和合作。

（1）建立学习社区

教师可以通过社交媒体平台（如微信、QQ群等）或在线协作平台（如 Google Classroom、Microsoft Teams 等）建立一个专属的课程思政学习社区。学生可以在这个社区中发布学习心得、观点分享，并与其他学生互动交流。社交媒体的互动性和在线协作平台的便捷性为学生提供了一个方便而开放的交流空间，促进了学生之间的互动和学习共享。

（2）跨时间、跨空间的交流与合作

社交媒体和在线协作平台的优势在于突破了时间和空间的限制，使学生之间可以跨时间、跨空间地交流和合作。学生可以随时随地通过这些平台发布问题、分享观点，并与其他同学讨论。这种即时性和便捷性使学生能够更加方便地参与到课程思政学习中，不受时间和地点的限制。

（3）教师的引导与资源发布

教师在社交媒体和在线协作平台中扮演着重要的角色，在社区中定期发布与课程思政相关的学习资源、案例分析、讨论话题等，引导学生的学习方向和思考重点。同时，可以参与学生的讨论和互动，及时给予学生指导和反馈，激发思考和深入探究。

（4）学生的互动与合作

社交媒体和在线协作平台为学生之间的互动和合作提供了便利条件。学生可以通过发布问题、分享观点、回复评论等方式，与其他同学展开讨论和交流。这种互动和合作的方式有助于学生之间的相互启发、思考问题，拓宽思维，加深对课程思政内容的理解。

三、加快推进课程思政教育信息化资源建设

信息化资源建设是新时代地方高校课程思政建设融入信息技术的彰显，构建规范化的课程思政网络教学平台。高校可通过购买信息技术服务的方式，鼓励课程思政教师积极与软件企业协同，共同参与课程思政教育资源及教学工具的设计开发，推动信息技术与课程思政建设的深度融合。

（一）资源整合与共享

高校可以建立课程思政教育资源库，整合和分类各类优质教育资源，形成丰富多样的资源库。同时，通过建立信息化平台，实现资源的在线共享和传播，教师和学生可以随时随地获取所需的教育资源，提高资源利用效率。

1.构建课程思政教育资源库

地方高校可以建立一个专门的课程思政教育资源库，用于收集、整合和管理各类优质的教育资源。这些资源可以包括教学课件、教材、案例分析、学术论文、多媒体资料等。资源库可以根据学科、主题或其他分类方式组织，方便用户检索和利用。

2.多元化资源整合

资源整合不仅仅局限于文字和图像资料，还可以包括音频、视频、虚拟实验等多种形

式的教育资源。地方高校可以积极与相关机构、企业和社会组织合作，获取多样化的教育资源，并将其整合到课程思政教育资源库中。这样可以提供更加多样化和贴近实际的学习内容，满足学生的不同学习需求。

3. 开放式资源共享平台

为了实现资源的在线共享和传播，地方高校可以建立一个开放式的资源共享平台。这一平台可以提供一个统一的接入点，让教师和学生方便地上传、分享和下载教育资源。平台支持多种文件格式和多种媒体形式，保证资源的兼容性和可访问性。

4. 引入社区和协作机制

为了促进资源的共享和交流，高校可以引入社区和协作机制。教师和学生可以在共享平台上创建个人或团队的空间，通过社区资源分享、讨论和协作，加强师生之间的互动和合作，促进资源的优化和更新。

（二）教学工具开发与应用

高校可通过与软件企业的合作，共同参与课程思政教育资源及教学工具的设计开发。这些教学工具可以包括多媒体教具、虚拟仿真系统、在线讨论平台、作业提交系统等。教师可以根据教学需求和学生特点，选择适合的教学工具，提高教学效果和学生参与度。

1. 虚拟仿真系统的开发与应用

虚拟仿真系统是一种模拟真实场景的技术，可以提供实践操作的机会，帮助学生理解和应用相关的知识。地方高校可以与软件企业合作，开发针对课程思政教育的虚拟仿真系统，如模拟社会实践活动、模拟政策制定过程等。教师可以引导学生在虚拟环境中学习和实践，培养学生的实际操作能力和问题解决能力。

2. 在线讨论平台的开发与应用

在线讨论平台可以促进学生之间的交流和合作，拓展课程思政教育的互动性和参与度。地方高校可以与软件企业合作，开发功能强大的在线讨论平台，为学生提供交流、讨论和分享的场所。教师可以设置讨论话题，引导学生展开思想交流，同时监督和评价学生的参与情况，促进学生之间的相互学习和启发，拓宽思路，增强思政教育的实效性。

3. 作业提交系统的开发与应用

作业提交系统可以帮助教师管理和评估学生的作业，提高教学效率和作业批改的准确性。地方高校可以与软件企业合作，开发针对课程思政教育的作业提交系统。该系统可以提供学生提交作业的平台，教师可以通过系统查看、评估和反馈学生的作业情况。系统支持多种作业形式，如文字作业、多媒体作业、在线测试等，以适应不同类型的课程思政教育。教师可以根据作业提交系统的统计和分析功能，及时了解学生的学习情况和问题，开展个性化的指导和辅导，帮助学生提高学习成效。

（三）学习数据分析与个性化辅导

高校可以利用信息技术进行学习数据分析，监测和评估学生的学习情况。通过分析学生的学习行为和学习成绩，教师可以提供个性化的辅导和指导，帮助学生解决学习困难，提升学习效果。

1. 数据收集与处理

地方高校可以建立学习管理系统或在线学习平台，收集学生的学习数据，包括学习时间、学习资源的访问情况、在线作业的完成情况、考试成绩等。通过数据处理和分析，可以得到学生的学习情况的全貌和个体差异。

2. 学习数据分析

利用数据分析工具和算法，深入分析学生的学习数据。可以从多个维度分析，如学习时间的分布、学习资源的使用情况、学习行为的特点等。通过数据分析，可以发现学生的学习偏好、学习习惯以及存在的学习难点，为个性化辅导提供依据。

3. 个性化辅导与指导

基于学习数据分析的结果，教师可以为每位学生提供个性化的辅导和指导。针对学生的学习偏好和学习困难，教师可以制订针对性的学习计划和教学策略，帮助学生制订学习目标、合理安排学习时间、选择适合的学习资源。同时，教师可以根据学生的学习进展，及时给予反馈和鼓励，帮助学生建立自信心和学习动力。

4. 提供个性化学习资源

根据学生的学习数据分析结果，地方高校可以开发和提供个性化的学习资源。结合学生的学习特点和需求，设计和推荐适合的学习资料、教学视频、在线课程等。这些个性化学习资源可以根据学生的学习进度和学科需求定制，帮助学生有针对性地提升自己的学习能力和知识水平。

5. 预警机制与干预措施

学习数据分析可以帮助地方高校建立学生学习预警机制，及早发现学生的学习问题和困难。通过监测学生的学习数据，系统可以根据设定的预警指标和模型，自动检测学生的学习状态。一旦学生的学习情况出现异常或不达标，系统会自动生成预警信息，提醒教师关注该学生的学习情况。教师可以根据预警信息主动与学生沟通，并采取相应的干预措施，如提供额外辅导、安排个别补课或开展小组讨论等，帮助学生克服学习难题。

参考文献

[1] 孙晴晴.探析新技术支持下的农村初中英语活动化作业[J].校园英语，2020（1）：82-83.

[2] 何红娟."思政课程"到"课程思政"发展的内在逻辑及建构策略[J].思想政治教育研究，2017（5）：60-64.

[3] 巩茹敏，林铁送.课程思政：隐性思想政治教育的新形态[J].教学与研究，2019（3）：45-51.

[4] 成桂英.推动课程思政教学改革的三个着力点[J].思想理论教育导刊，2018（9）：67-70.

[5] 高峰.新时代高校课程思政内涵及实施路径分析[J].湖北开放职业学院学报，2021（17）：82-83.

[6] 张策，王丽珍，李亚军，等.试论校园文化对高校课程思政体系建构的作用[J].教育理论与实践，2019（21）：29-31.

[7] 孙志伟.理工类专业课程开展课程思政建设的关键问题与解决路径[J].思想政治课研究，2019（2）：93-97.

[8] 朱冰.高职"思政课程"向"课程思政"转变的意义与路径[J].淮北职业技术学院学报，2019（2）：29-30.

[9] 高德毅，宗爱东.课程思政：有效发挥课堂育人主渠道作用的必然选择[J].思想理论教育导刊，2017（1）：31-34.

[10] 吴家华."八个统一"：新时代思想政治理论课改革创新的根本遵循[J].红旗文稿，2019（7）：11-13.

[11] 王德民.传统文化经典的诠释学解读及教育渗透[J].中国教育学刊，2020（6）：29-33.

[12] 理轩.强化精准思维着力提高新时代纪检监察工作质量和实效[J].中国纪检监察，2018（14）：12-13.

[13] 梁庆婷，包娜.全媒体时代思想政治教育话语的困境反思[J].中国矿业大学学报社会科学版，2019，21（6）：56-64.

[14] 吴满意，王丽鸽.从精准到智慧：思想政治教育创新发展的根本态势分析[J].马克思主义与现实，2019（4）：198-204.

[15] 冯刚，高静毅.新时代高校思想政治理论课建设发展的四个重要问题[J].学校党建与思想教育，2018（15）：4-8.

[16] 李晓静，于晓，孙正.理工科类教师实施"课程思政"的实践与探索[J].教书育人（高教论坛），2020（21）：64-65.

[17] 李红睿，乔芬.新时代背景下"课程思政"实现路径的研究与实践[J].教育现代化，2020，7（28）：41-44.

[18] 于欣，赵岩鑫，敖梓鼎，等.思想政治教育在环境科学专业课程中的应用[J].广东化工，2019，46（10）：182-183.

[19] 高德毅，宗爱东.从思政课程到课程思政：从战略高度构建高校思想政治教育课程体系[J].中国高等教育，2017（1）：43-46.

[20] 何玉海.关于"课程思政"的本质内涵与实现路径的探索[J].思想理论教育导刊，2019（10）：130-134.

[21] 巩茹敏，林铁松.课程思政：隐性思想政治教育的新形态[J].教学与研究，2019（6）：45-51.

[22] 王学俭，石岩.新时代课程思政的内涵、特点、难点及应对策略[J].新疆师范大学学报（哲学社会科学版），2020（2）：33-40.

[23] 何源.高校专业课教师的课程思政能力表现及其培育路径[J].江苏高教，2019（11）：80-84.

[24] 朱飞.高校课程思政的价值澄明与进路选择[J].思想理论教育，2019（8）：67-72.

[25] 林于良.高校"四史"教育：价值旨归、现实困境、路径选择[J].中学政治教学参考，2020（38）：62-64.

[26] 杨正伟.成人高等教育思想政治教育的问题及对策探讨[J].西南林业大学学报（社会科学），2018（10）：71-73.

[27] 崔志峰.分类引导理念下的成人教育学生思想政治教育研究[J].继续教育，2016（6）：26-27.

[28] 肖红芳.新时代地方高校青年教师课程思政能力提升路径[J].高教学刊，2021，7（16）：164-167.

[29] 王孝如，马幸荣.新时代高校教师"课程思政"能力提升探析[J].伊犁师范学院学报（社科版），2019，37（2）：1-6.

[30] 冯秀环.高校专业教师课程思政能力提升研究综述[J].文教资料，2021（14）：78-79，42.

[31] 曾旭升."课程思政"路径下高校教育教学和教师价值回归研究[J].运动精品，2021，40（2）：47-48.